DALNUUN'S RETRO EMBROIDERY

레트로 자수 소품으로 만나는 손그림 자수

달눈의 레트로 감성 자수

노지혜 지음

한스미디어

PROLOGUE

일상에서 잠시 숨을 돌리면 마주하게 되는 소소한 아날로그 감성을 참 좋아합니다. 서랍 깊숙이 넣어둔 카세트테이프, 오랜 친구와 주고받았던 엽서와 한 장 한 장 모았던 크리스마스 씰과 우표 그리고 꽃무늬 패턴의 오래된 스웨터. 손때 묻은 오랜 물건들은 나이가 몇 살이 되어도 그때의 기분으로 되돌려줍니다.

제가 간직해온 이 따뜻한 기억들을 그림으로 그려왔고, 그 그림들을 모아서 따뜻하고 경쾌한 색감의 레트로 자수로 담아냈습니다.

레트로는 지나가 버린 시간에 대한 기억이 공감대가 되어 잔잔한 위로를 건넵니다. 더 나아가 그 시대에 꼭 살아보지 않았어도 아련한 향수를 느끼게 하고 익숙한 듯 새로운 느낌으로 다가오지요.

그 언젠가의 소중했던 추억, 혹은 경험하지 못했던 시간에 대한 반짝반짝 빛나는 호기심으로 레트로 감성을 자수로 수놓아 보세요. 한 땀 한 땀, 차근차근 수놓으며 편안히 한숨 돌릴 수 있는 쉼표 같은 시간이 되시기를 바랍니다.

CONTENTS

프롤로그
4

자수를 시작하기 전에

이 책을 보는 법
12

재료와 도구
14

자수의 기본
16

이 책에서 사용한 자수 스티치
19

자수할 때 알아두면 좋은 팁
26

소품 만드는 방법

공그르기
186

오너먼트
187

열쇠고리
189

블랭킷 와펜
191

테두리 원단 정리하기
192

핀쿠션
193

새틴 와펜
196

픽셀아트 브로치
197

스트링 파우치
198

뚜껑 파우치
201

레트로 감성 자수

1 복고풍 니트 30

2 양말 34

3 타자기, 재봉틀, 전화기, 전등 38

4 라디오와 카세트테이프 44

5 작은 것들 50

6 카메라와 필름 56

7 턴테이블과 LP 60

8 롤러스케이트, 롤리팝, 하트선글라스, 아이스크림 66

9 레트로 유리컵 70

10 한복 저고리 76

11 빈티지 케이크 80

12 빈티지 통조림 84

13 게임기
88

14 문방구 불량식품
92

15 어린 시절
98

16 레트로 키친
102

17 올드카
106

18 떡볶이와 멜라민그릇
110

19 픽셀아트
114

20 레트로 모티프
118

21 블랭킷 코바늘 모티프
122

22 만년필과 엽서
126

23 꽃병과 차 한 잔
130

24 뉴트로 감성
134

25

일력과 초
138

26

책상
144

27

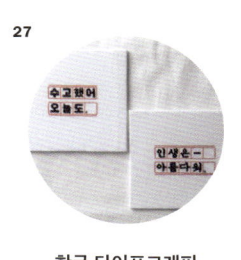

한글 타이포그래피
148

28

영어 타이포그래피
152

29

텔레비전과 자개장
156

30

레트로 사계절 로고
160

31

스테인드글라스
164

32

레트로 꽃 패턴
168

33

전통 소품
172

34

곰 인형
176

35

꽃밭 캠코더
180

BASIC

자수를 시작하기 전에

이 책을 보는 법

이 책에서 사용한 스티치 기법을 충분히 익힌 뒤 도안에 필요한 실을 준비합니다. 그리고 수놓는 순서와 설명을 참고하여 차근차근 수놓습니다. 도안을 기준으로 실제 자수 사진을 비교해가며 수놓으면 도안을 이해하는 데 도움이 됩니다.

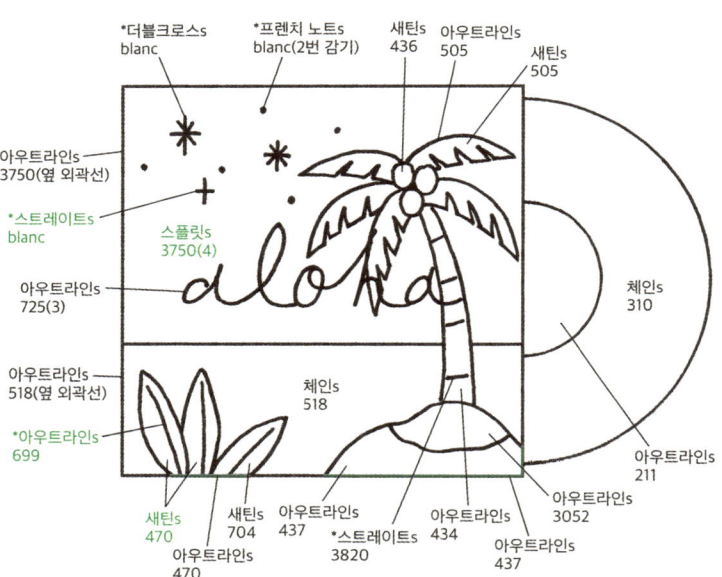

- 기법 뒤의 s는 스티치(stitch)의 약자입니다.

- 스티치 - 실 번호 - (가닥수)
  예) 아우트라인s 725(3) : 725 3가닥으로 아우트라인s 한다.

- 이 책에서 사용하는 스티치는 대부분 2가닥으로 수놓습니다.
  가닥수의 표기가 없는 스티치는 모두 2가닥으로 수놓습니다.

- 괄호 안에 실을 감는 횟수, 수놓는 영역 등 관련 설명이 간략히 표기됩니다.
  예) 프렌치 노트s blanc(2번 감기) : blanc 2가닥으로 2번 감아 프렌치 노트s 한다.
  　　아우트라인 3750(옆 외곽선) : 3750 2가닥으로 옆 외곽선만 아우트라인s 한다.

- * 표시가 있는 스티치
  - 스티치 앞에 있는 * 표시는 수놓는 순서를 의미합니다.
    * 스티치와 인접한 면을 먼저 수놓은 후 그 위에 겹쳐서 * 스티치를 수놓습니다.
    면 위에 있는 선이나 아주 작은 면이 이에 해당되며 바탕면을 좀 더 빈틈없이 수놓거나
    선을 더 강조하기 위함입니다.
    예) 활엽수 : 470 2가닥으로 잎의 면을 새틴s 한다. → 그 위에 699 2가닥으로 잎맥을 아우트라인s 한다.
    　　하늘 : 3750 4가닥으로 하늘을 스플릿s 한다. → 그 위에 blanc 2가닥으로 별을 스트레이트s 한다.
  - * 스티치의 영역이 크면 수놓은 면 위에 도안을 정확히 옮기기 힘들 수 있습니다.
    이와 같은 경우에는 * 스티치 선을 살짝 비워두고 인접한 면을 수놓은 후, 그 위에 * 스티치를 수놓습니다.

재료와 도구

1 원단
도안의 디자인과 어울리는 원단을 선택합니다. 너무 얇은 원단은 힘이 없어 일정하게 수놓기가 힘들기 때문에 적당한 두께감이 있는 원단이 좋습니다. 이 책에서는 광목과 리넨을 사용합니다. 광목은 16수~20수, 리넨은 11수 정도가 적당합니다. 숫자가 클수록 원단의 두께는 얇아집니다.

2 실
제조사와 실의 두께, 특징에 따라 다양합니다. 이 책에서는 DMC 25번사를 사용합니다. 일반적으로 가장 많이 쓰이는 실이며 다루기도 쉽습니다. 한 묶음이 8m 정도이며, 6가닥으로 이루어져 있습니다. 필요한 가닥수만큼 뽑아서 사용합니다.

3 보빈
실을 감아 정리하는 실패입니다.

4 바늘
바늘의 굵기와 바늘귀의 크기에 따라 3호~9호로 나뉩니다. 호수가 커질수록 바늘이 가늘어지고 바늘귀도 작아집니다. 1~2가닥은 7~9호, 3~4가닥은 5~6호, 5~6가닥은 3~4호 바늘을 사용합니다.

5 수틀
원단을 팽팽하게 유지해 깔끔하게 수놓을 수 있도록 도와줍니다. 도안의 크기에 따라 적당한 사이즈를 선택합니다. 15cm 이하가 한 손에 잡고 수놓기에 좋습니다.

6 가위
재단 가위와 자수용 가위가 있습니다. 재단 가위는 원단을 자를 때 사용합니다. 자수용 가위는 실을 자르거나 실뜯개가 없을 때 대신하는 등 섬세한 작업을 요할 때 사용합니다.

7 수성펜
물을 적시면 지워지는 펜으로 자수 후 마무리가 깔끔합니다. 진하게 그렸을 때는 간혹 천이 마른 후에 얼룩이 남을 수 있기 때문에 물에 충분히 적셔줍니다.

8 초크펜
수성펜을 사용하기 어려운 어두운 색상의 원단에 사용합니다.

9 트레이싱지
비치는 특성을 가진 종이로 도안을 옮길 때 사용합니다. 원본 도안의 훼손을 방지할 수 있습니다.

10 먹지
트레이싱지에 그린 도안을 원단에 옮길 때 사용합니다. 세탁 후에도 흔적이 남을 수 있기 때문에 너무 힘주어서 그리지 않도록 유의합니다.

11 핀쿠션
쿠션감이 있는 바늘꽂이입니다. 실의 색을 바꿔가며 수놓기 때문에 여러 개의 바늘을 꽂아 두고 사용합니다.

자수의 기본

원단 준비하기

면이나 리넨은 세탁을 하면 수축 현상이 일어날 수 있기 때문에 선세탁 후 잘 다려서 사용합니다.

도안 그리기

먹지와 트레이싱지

1. 도안 위에 트레이싱지를 올리고 연필로 옮겨 그립니다.
2. 원단 위에 먹지와 트레이싱지를 순서대로 올리고 움직이지 않도록 마스킹테이프나 시침핀으로 고정시킵니다.
3. 철필이나 다 쓴 볼펜으로 도안을 덧그립니다. 먹지로 인한 이염을 방지하기 위해 되도록 전체적인 선만 옮기고 세세한 부분은 도안을 보고 수성 펜으로 그리는 것이 좋습니다.

수성 펜

도안을 복사해서 그리는 방법입니다. 유리창에 복사한 도안과 원단을 순서대로 붙입니다. 붙인 쪽보다 유리창 너머가 더 밝으면 라이트박스와 같은 역할을 하게 됩니다. 빛에 비치는 도안을 수성펜으로 따라 그립니다.

수틀 사용하기

수틀을 분리해서 안쪽 고리 위에 원단을 올립니다. 그리고 나사 달린 고리를 원단 위에 누르듯이 끼웁니다. 나사를 적당히 조이고 원단을 당겨 팽팽하게 펴준 후, 나사를 더 세게 조입니다.

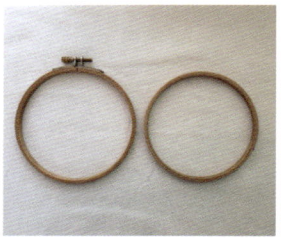  

보빈에 자수실 감기

반으로 접혀있는 자수실을 둥글게 벌리고 실 끝을 보빈의 구멍에 넣은 후, 고르게 감습니다. 이때 실타래를 팔이나 기둥이 될 만한 무거운 물건에 걸어놓고 감으면 좀 더 수월합니다. 다 감은 실 끝을 보빈의 홈에 끼우고 실 번호를 적습니다.

 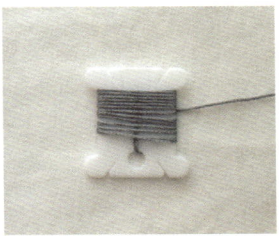 

자수실 사용하기

필요한 만큼 잘라 필요한 가닥 수만큼 뽑아서 사용합니다. 너무 길면 엉킬 수가 있기 때문에 약 50cm 정도가 적당합니다. 실을 가르듯이 분리해서 천천히 빼냅니다.

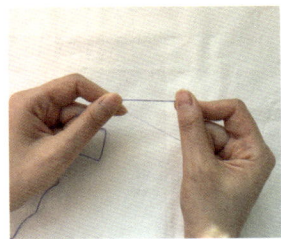

매듭짓기

1. 바늘 뒤에 실 끝을 대고 검지로 눌러 잡습니다.
2. 바늘에 실을 1~2회 정도 감습니다.
3. 감은 부분을 엄지와 검지로 가볍게 잡고 바늘을 끝까지 빼냅니다. 그리고 매듭의 끄트머리 실을 짧게 자릅니다.

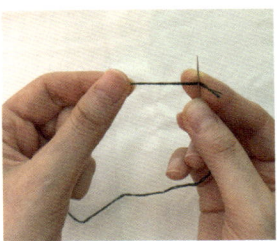 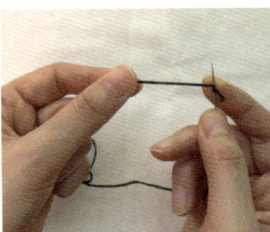 

실 마무리하기

선

자수의 뒷면 쪽에서 스티치와 원단 사이에 바늘을 여러 번 통과시킨 후 짧게 잘라냅니다. 1땀에 1회씩 같은 방향으로 3~4회 정도 통과시킵니다.

면

자수의 뒷면에서 면 전체에 바늘을 여러 번 통과시킨 후 짧게 잘라냅니다.

* 세탁이 자주 필요한 자수의 경우는 매듭을 지어 마무리하는 것이 좋습니다.

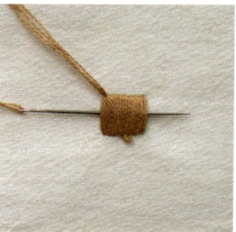

다림질하기

실에 열이 직접 닿으면 번들거리는 광택을 띠면서 납작하게 눌리게 됩니다. 이런 현상은 회복이 어렵기 때문에 자수의 뒷면을 다림질합니다. 앞면을 다려야 한다면 반드시 자수 위에 얇은 원단을 덮은 후 다립니다. 여백을 먼저 다리고 수놓은 부분은 되도록 피해가며 다림질합니다.

이 책에서 사용한 자수 스티치

백 스티치

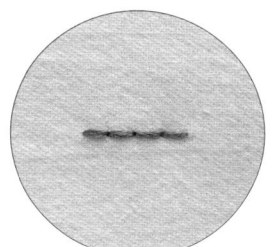

선을 표현하는 가장 기본적인 스티치입니다. 되돌아갔다가 앞으로 나가기를 반복하며 수놓습니다.

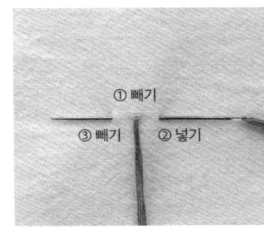

1. 시작점으로부터 한 땀 안쪽에서 시작합니다.

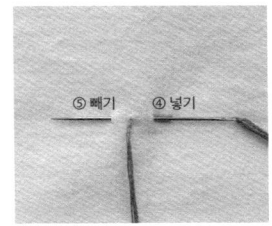

2. ④, ⑤를 반복합니다. 앞 땀과 같은 구멍에 바늘을 넣어야 깔끔한 모양이 됩니다.

스트레이트 스티치

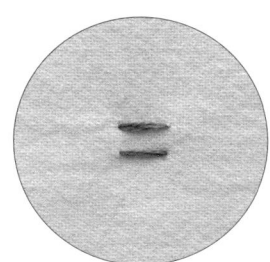

직선을 한 땀으로 표현하는 스티치입니다.

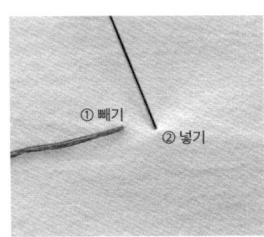

실과 원단 사이가 뜨지 않도록 수놓습니다.

아우트라인 스티치

선과 면을 고르게 표현하는 스티치입니다.

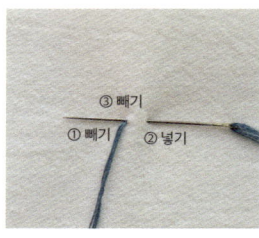

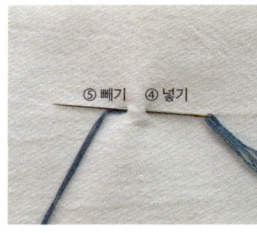

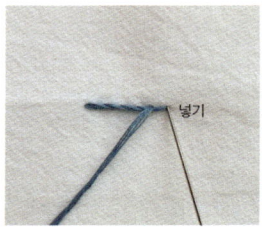

1. 실을 아래쪽에 두고 수놓습니다. 끝을 날렵하게 표현할 때는 ③을 반 땀 정도 지점으로 빼냅니다.

2. ④, ⑤를 반복합니다.

3. 마지막 땀의 구멍에 바늘을 넣어 마무리합니다.

| TIP | **아우트라인 스티치 연결하기** |

실 바꾸기

마지막 땀의 안쪽 중앙에 바늘을 꽂아 위쪽으로 빼내서 자수를 이어갑니다.

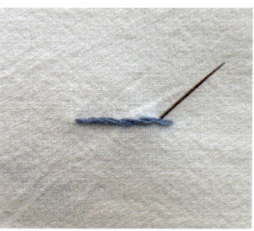

연결하여 마무리하기

끝까지 수를 놓고 연결할 땀의 아래쪽 중앙으로 바늘을 넣어 마무리합니다.

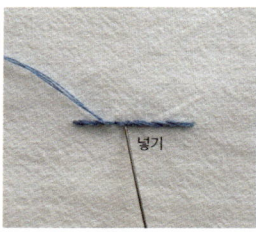

스플릿 스티치

선과 면을 표현하는 스티치입니다. 실 사이를 가르고 바늘을 빼는 방법으로 얇은 체인 스티치와 비슷한 모양입니다.

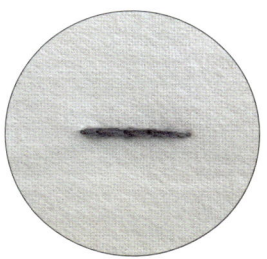

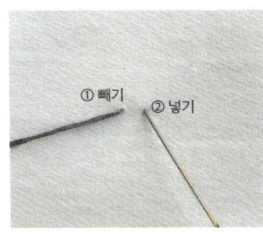
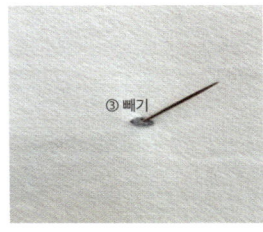
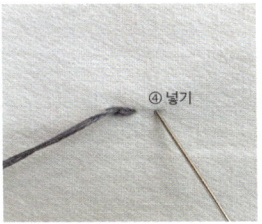

1. 한 땀을 스트레이치 스티치합니다.
2. 실을 가르고 바늘을 빼냅니다.
3. ③, ④를 반복합니다.

레이지데이지 스티치

꽃잎을 표현할 때 사용하는 스티치입니다.

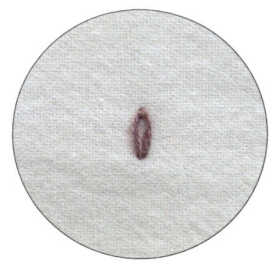

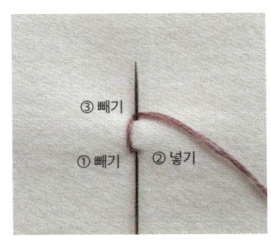
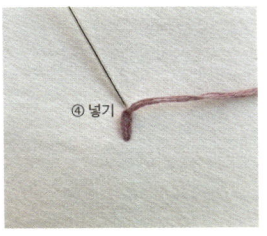

1. ①과 ②의 간격이 좁을수록 예쁘게 수놓아집니다. ③으로 절반만 통과시켜 바늘 아래에 실을 걸고 빼냅니다.
2. 고리의 위쪽에 바늘을 넣어 고정시킵니다.

더블 레이지데이지 스티치

꽃잎을 표현하는 스티치입니다. 레이지데이지 스티치를 이중으로 수놓은 모양입니다.

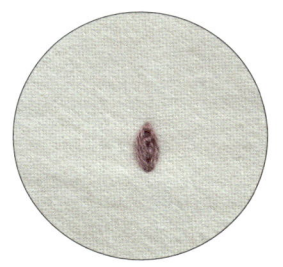

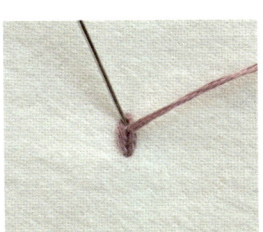

레이지데이지 스티치를 하고 고리 안쪽에 한 번 더 수놓습니다.

체인 스티치

선과 면을 표현하는 스티치입니다. 한 땀이 길면 고리가 얇아지고 짧으면 도톰해집니다. 적당한 간격을 유지하며 수놓습니다.

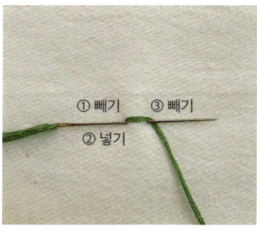
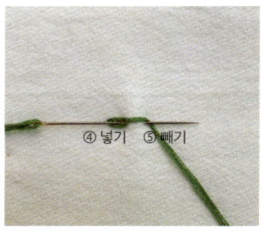
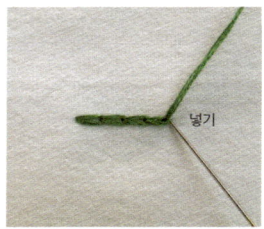

1. ①과 ②는 최대한 간격 없이 붙입니다. ③으로 절반만 통과시켜 바늘 아래에 실을 걸고 빼냅니다.

2. 고리 안쪽에 바늘을 넣어 실을 걸고 빼냅니다. ④, ⑤를 반복합니다.

3. 마지막 고리 위쪽에 바늘을 넣어 마무리합니다.

TIP **체인 스티치 연결하기**

실 바꾸기
마지막 고리 안쪽으로 바늘을 빼내서 자수를 이어갑니다.

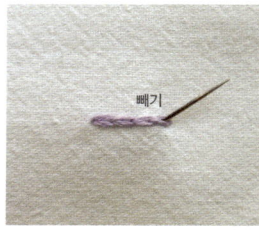

연결하여 마무리하기
연결할 고리의 한 땀 전까지 수를 놓은 후 고리와 원단 사이에 바늘을 통과시킵니다. 그리고 ①에 바늘을 넣어 마무리합니다.

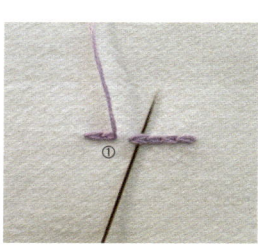
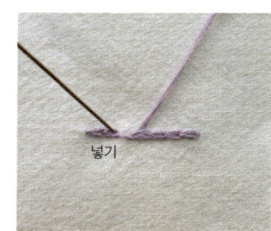

새틴 스티치

면을 매끄럽게 표현하는 스티치입니다. 원단과 실 사이가 뜨지 않도록 팽팽하게 수놓아야 깔끔한 모양이 됩니다.

1. 면의 가운데 지점부터 시작합니다.

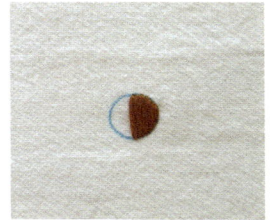

2. 절반을 먼저 채운 후, 다시 ①로 빼서 나머지 면을 채웁니다.

블랭킷 스티치

주로 원단의 가장자리를 마무리할 때 쓰이는 스티치입니다. 적당한 간격을 유지하며 수놓습니다.

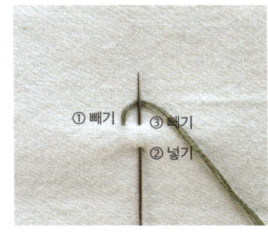

1. ③으로 절반만 통과시켜 바늘 아래에 실을 걸고 빼냅니다.

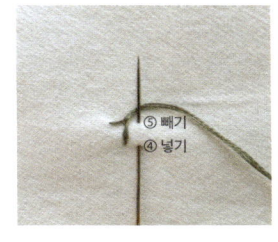

2. 간격을 유지하며 ④, ⑤를 반복합니다.

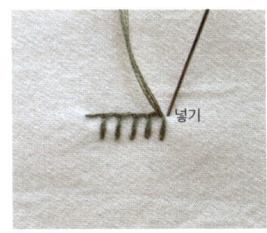

3. 마지막 고리의 모서리 옆에 바늘을 넣어 마무리합니다.

프렌치 노트 스티치

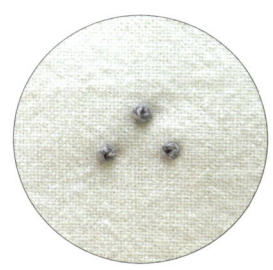

주로 점을 표현할 때 쓰이고 면을 입체적으로 채울 때도 유용한 스티치입니다. 눌리면 모양이 흐트러질 수 있기 때문에 마지막에 수놓는 것이 좋습니다. 단, 여러 개를 밀착하여 수놓을 경우에는 서로 버팀목이 되어 흐트러짐이 덜하기 때문에 중간에 수놓아도 괜찮습니다.

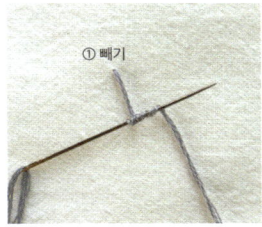

1. 바늘에 원하는 횟수만큼 실을 감습니다. 많이 감을수록 스티치의 크기가 커집니다.

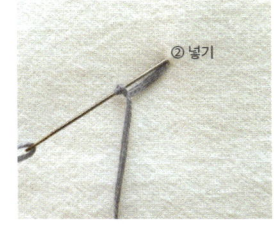

2. 감은 실을 당기면서 ①의 구멍이나 살짝 옆에 바늘을 절반 정도 넣습니다.

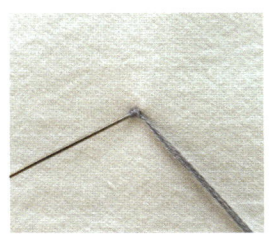

3. 감긴 실이 씨앗 모양이 되도록 실을 잡아당겨 원단에 붙게 한 후 바늘을 통과시킵니다.

불리온 스티치

주로 꽃을 표현하는 데 쓰이는 스티치입니다. 이 책에서는 케이크의 크림을 표현하였습니다.

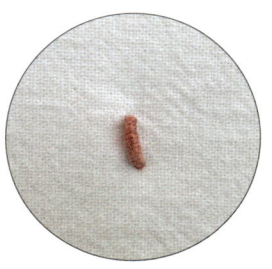
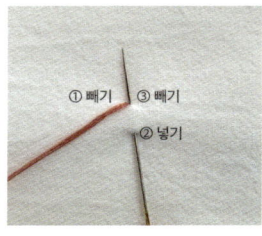
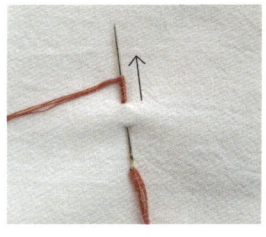
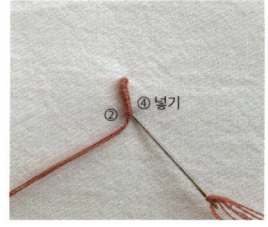

1. ③으로 절반만 통과시킵니다.

2. 실을 감는 횟수는 땀의 길이 (②와 ③의 간격)보다 조금 더 길게 감습니다. 길게 감을수록 아치 모양이 됩니다. 감은 실을 잡고 바늘을 빼냅니다.

3. 감은 실을 ②쪽으로 내린 후, 남은 실을 살살 당겨 모양을 잡아줍니다. 원단에 붙으면 바늘을 넣어 마무리합니다.

롱 앤드 쇼트 스티치

면을 표현하는 스티치입니다. 길고 짧은 땀을 연속해서 수놓습니다.

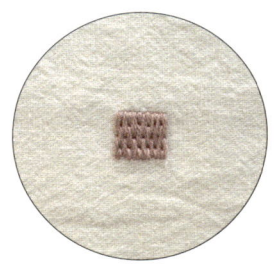
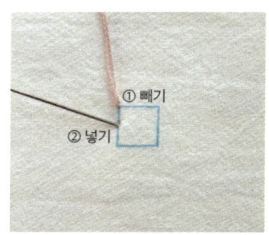
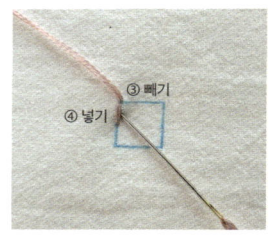
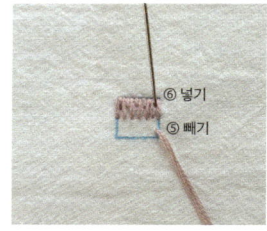

1. 긴 땀을 수놓습니다.

2. 긴 땀의 절반 정도로 짧은 땀을 수놓습니다. 첫 번째 단은 길고 짧은 땀을 번갈아 수놓습니다.

3. 두 번째 단부터는 앞 단의 짧은 땀 아래에만 긴 땀을 수놓습니다.

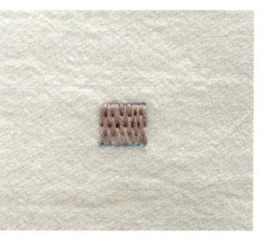

4. 마지막 단에 남은 짧은 땀을 수놓고 마무리합니다.

리프 스티치

잎을 표현하는 스티치입니다.

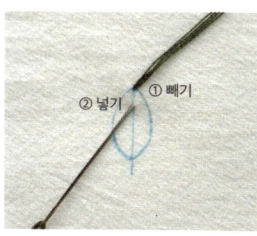
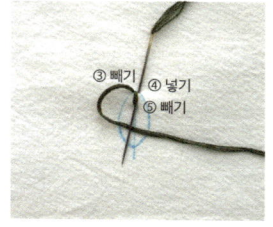
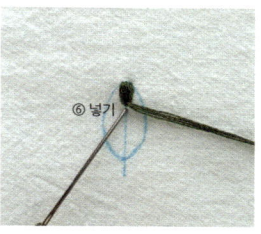

1. 잎맥 첫 부분을 스트레이트 스티치합니다.

2. ⑤로 절반만 통과시켜 바늘 아래에 실을 걸고 빼냅니다.

3. 고리가 생기면 바로 아래에 바늘을 넣어 고정시킵니다. ③~⑥을 반복합니다.

크로스 스티치

십자수 모양의 스티치입니다.

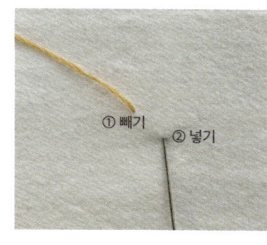
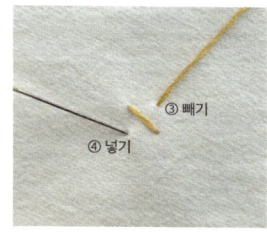

1. 사선으로 한 땀을 스트레이트 스티치합니다.

2. 교차로 스트레이트 스티치하고 마무리합니다.

더블 크로스 스티치

별이나 반짝이는 모양을 표현하는 스티치입니다.

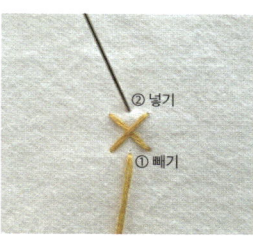
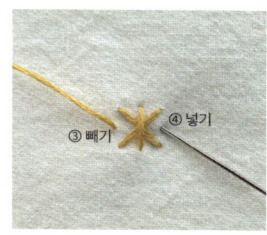

1. 크로스 스티치를 한 후, 중앙에 세로로 스트레이트 스티치합니다.

2. 가로로 스트레이트 스티치하고 마무리합니다.

자수할 때 알아두면 좋은 팁

각도가 바뀌는 선 수놓기

외곽선의 각도가 바뀔 때 한 번에 이어 수놓으면 모서리의 날렵한 모양을 표현하기가 어렵습니다. 직선을 끝까지 마무리한 후, 같은 지점에서 각도를 바꿔 다시 수놓습니다.

뒷면에 걸어 수놓기

직선을 수놓고 마무리한 후, 뒷면 쪽에서 한 땀 앞 스티치에 바늘을 통과시킵니다. 그리고 다시 마무리한 지점 ①로 바늘을 빼내서 자수를 이어갑니다.

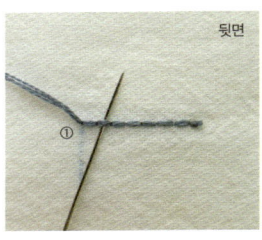
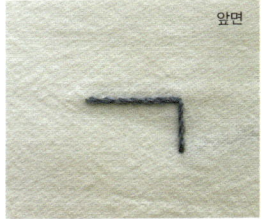

한 땀 떠 수놓기

직선을 수놓고 마무리한 후, 앞면 쪽에서 짧게 한 땀을 뜹니다. 그리고 마무리한 지점으로 바늘을 빼내서 자수를 이어갑니다.

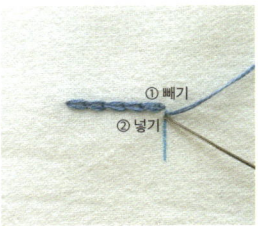
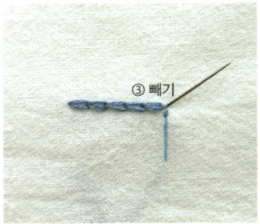
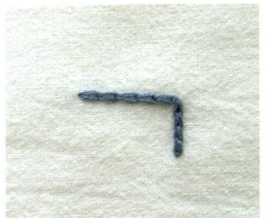

면 채우기

기준선을 따라 면 채우기

면적이 넓으면 고르게 채우기가 어렵기 때문에 면을 나누어 수놓는 것이 좋습니다. 외곽선의 모양을 따라 기준선을 먼저 수놓고 이와 가까운 부분부터 면을 채워나갑니다.

바깥쪽에서 안쪽으로 면 채우기

면을 처음부터 끝까지 똬리처럼 이어 수놓지 않습니다. 먼저 외곽선을 수놓고 마무리한 후, 같은 방식으로 1바퀴씩 수놓으며 면의 중앙까지 채웁니다.

타원 면 채우기

타원 모양은 주로 작은 꽃잎을 표현할 때 쓰였습니다. 면의 가운데를 직선으로 수놓고 양쪽 외곽선을 가운데 쪽으로 기울여서 수놓습니다. 그리고 남은 면을 채웁니다.

RETRO

레트로 감성 자수

복고풍 니트

RETRO KNITS

할머니의 옷장에서 꺼낸 듯한 고운 패턴의 니트 자수입니다.
튤립과 작은 들꽃, 빨간 체리와 가지런한 체크를 수놓으며 따뜻한 기분을 느껴보세요.

사용한 실 DMC 25번사 :
[체리 니트] 676, 700, 817, 918, 938, 3799, 3810, 3862
[튤립 니트] 03, 151, 301, 317, 414, 553, 702, 745, 762, 842, 3345, 3799
[들꽃 니트] 318, 415, 444, 648, 666, 700, 702, 741, 803, 817, 972, 3354, 3776, 3799
[체크 니트] 210, 552, 553, 612, 648, 721, 745, 839, 842, 3765, 3799

사용한 기법 체인s, 레이지데이지s, 롱 앤드 쇼트s, 새틴s, 스트레이트s, 아우트라인s, 프렌치 노트s

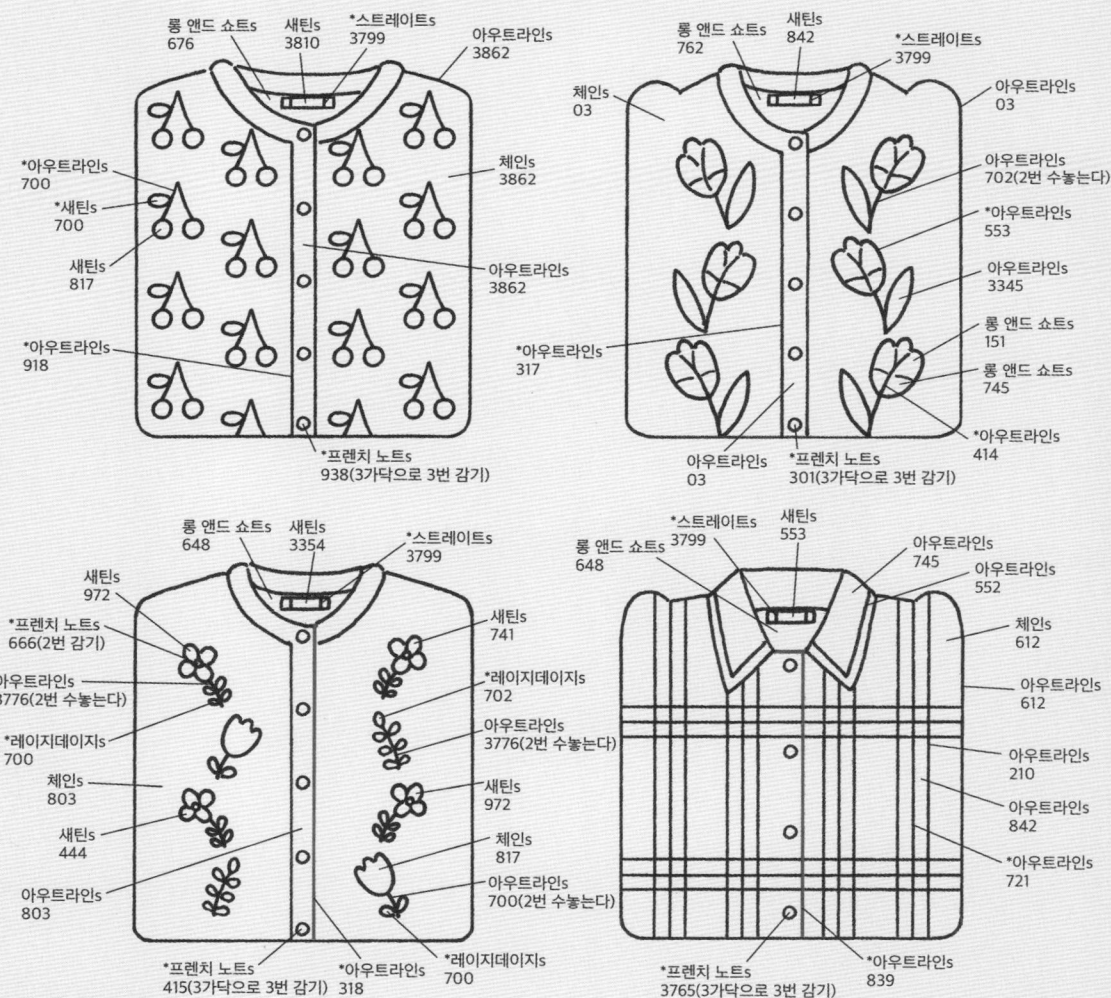

※ 지정 이외는 2가닥으로 수놓습니다.
※ * 표시가 있는 스티치는 바탕면을 먼저 채운 후, 그 위에 수놓습니다.

수놓기

수놓는 순서
옷의 외곽선 ▶ 메인 무늬(체리, 튤립, 들꽃, 체크) ▶ 옷의 바탕면(몸통) ▶ 목둘레와 여밈(단추 바탕) 면 ▶ 라벨과 안쪽 면 ▶ 목둘레와 여밈의 외곽선 ▶ 단추

- 먼저 옷의 가장 바깥쪽 둘레의 외곽선과 무늬 순으로 수놓은 후, 옷의 바탕면을 체인s 합니다.
- 목둘레와 여밈 면을 아웃트라인s 한 후, 라벨을 가로로 새틴s 하고 그 위에 박음질 선을 3799로 짧게 스트레이트s 합니다. 이어서 안쪽 면을 롱 앤드 쇼트s 합니다
- 목둘레와 여밈의 외곽선을 아웃트라인s 합니다. 이때 옷의 바탕면 → 목둘레, 여밈 면 → 목둘레, 여밈 외곽선 순으로 수놓는 이유는 선을 도드라져 보이게 하여 면을 확실히 구분하기 위함입니다.
- 단추의 프렌치 노트s는 가장 마지막에 수놓습니다.

◆ **체리 니트**
- 옷의 외곽선을 3862로 아웃트라인s 한 후, 둥근 체리 열매만 모두 새틴s 합니다. 그리고 옷의 바탕면을 체인s 하고 그 위에 가지와 잎을 700으로 수놓습니다. 이때 체리 열매 → 옷 바탕면 → 가지, 잎 순으로 수놓는 이유는 바탕면의 체인s를 최대한 끊김 없고 빈틈없이 깔끔하게 수놓기 위함입니다. 그 다음 수놓는 순서(목둘레와 여밈 면)를 따라 수놓고 마무리합니다.

◆ **튤립 니트**
- 옷의 외곽선을 03으로 아웃트라인s 한 후, 꽃잎의 위아래 2면을 151, 745로 자연스럽게 이어지도록 롱 앤드 쇼트s 합니다. 이어서 줄기를 702로 2번 아웃트라인 하고 잎은 3345로 수놓습니다. 옷의 바탕면을 체인s 하고 그 위에 꽃의 외곽선을 553으로 아웃트라인s 합니다. 그 다음 수놓는 순서(목둘레와 여밈 면)를 따라 수놓고 마무리합니다.

◆ **들꽃 니트**
- 옷의 외곽선을 803으로 체인s 한 후, 모든 꽃과 줄기(잎 제외)를 수놓습니다. 꽃잎을 각각 새틴s, 체인s 하고, 줄기는 2번씩 아웃트라인s 합니다. 이어서 옷의 바탕면을 체인s 한 후, 그 위에 잎을 작게 레이지데이지s 합니다.
- 수놓는 순서를 따라 목둘레, 여밈, 라벨, 안쪽 면을 수놓고 도안에 표시된 여밈의 오른쪽 외곽선을 318로 아웃트라인s 합니다. 마지막으로 단추를 프렌치 노트s 하고 마무리합니다.

◆ **체크 니트**
- 옷의 외곽선을 612로 아웃트라인s 한 후, 체크 패턴을 수놓습니다. 먼저 패턴의 세로 외곽선(210)과 면(842)을 모두 아웃트라인s 하고 그 위에 가로 외곽선과 면을 교차로 수놓습니다. 이어서 패턴 면의 중앙에 있는 선(721)을 교차로 아웃트라인s 합니다. 그리고 옷의 바탕면을 체인s 합니다.
- 칼라의 안쪽선을 552로 수놓은 후, 외곽선을 745로 아웃트라인s 하고 면을 채웁니다. 그다음 라벨과 안쪽 면을 수놓고 도안에 표시된 여밈의 외곽선을 839로 아웃트라인s 합니다. 마지막으로 단추를 프렌치 노트s 하고 마무리합니다

양말

선명한 비비드 색감을 포인트로 수놓은 패턴 양말 자수입니다. 간단한 기법으로 가볍게 수놓을 수 있습니다.
자수 뒷면에 브로치나 마그넷을 붙여 다양하게 소품으로 활용해보세요.

사용한 실 DMC 25번사 :
[튤립 양말] 318, 321, 444, 470, 700, 721, 730, 3825
[라일락 양말] 414, 444, 553, 564, blanc
[데이지 양말] 702, 721, 727, 893, 3325, blanc
[아가일 양말] 318, 414, 666, 699, 721, 995, 3799, 3856

사용한 기법 아우트라인s, 체인s, 스트레이트s, 레이지데이지s, 프렌치 노트s, 새틴s

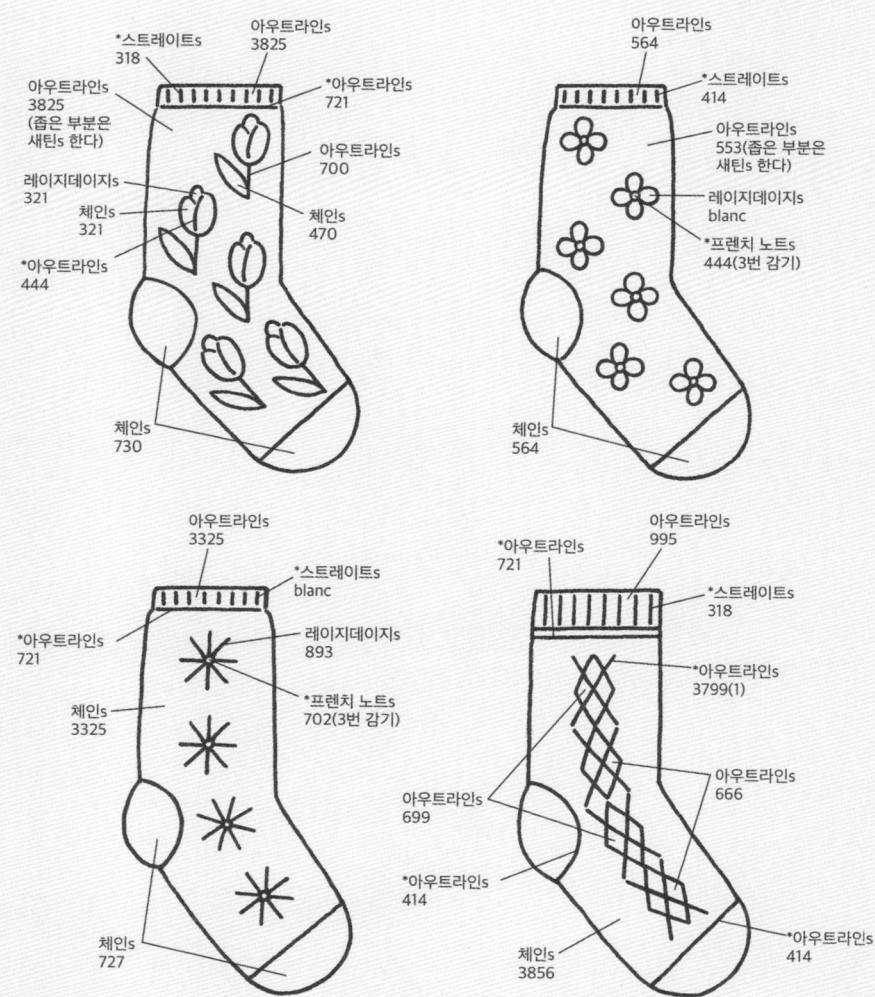

※ 지정 이외는 2가닥으로 수놓습니다.
※ * 표시가 있는 스티치는 바탕면을 먼저 채운 후, 그 위에 수놓습니다.

수놓기

수놓는 순서
메인 무늬 ▶ 뒤꿈치, 앞코 ▶ 몸체 ▶ 밴드

먼저 무늬를 모두 수놓고 뒤꿈치와 앞코를 각각 체인s 합니다. 이어서 양말 몸체의 바탕면을 꼼꼼히 채운 후, 밴드 부분의 외곽선을 아웃라인s 하고 면을 수놓습니다. 그 위에 주름을 짧게 스트레이트s 하고 밴드의 아래쪽 선을 아웃라인s 하여 마무리합니다.

◆ **튤립 양말**
- 꽃잎의 넓은 2면을 321로 체인s 하고 위쪽의 볼록한 면을 레이지데이지s 합니다. 그 위에 꽃잎의 경계선을 444로 아웃라인s 하여 면을 나누어 줍니다. 이어서 줄기를 700으로 아웃라인s 한 후, 잎을 470으로 체인s 합니다.
- 앞코와 튤립 사이의 아웃라인s를 하기에 좁은 몸체 바탕면은 새틴s 합니다.

◆ **라일락 양말**
- 꽃잎의 가운데를 blanc으로 레이지데이지s 한 후, 양쪽 외곽선을 따라 가운데 쪽으로 기울여 수놓습니다. 꽃술의 프렌치 노트s는 가장 마지막에 444 2가닥으로 3번 감아 수놓습니다.
- 앞코와 꽃 사이의 아웃라인s를 하기에 좁은 부분은 새틴s 합니다.

◆ **데이지 양말**
- 꽃잎은 실을 너무 팽팽하지 않게 893으로 레이지데이지s 합니다. 꽃술의 프렌치 노트s는 가장 마지막에 702 2가닥으로 3번 감아 수놓습니다.

◆ **아가일 양말**
- 아가일 패턴은 먼저 마름모의 외곽선을 699, 666으로 각각 아웃라인s 하고 면을 채웁니다. 그리고 뒤꿈치, 앞코, 몸체를 3856으로 체인s 한 후, 그 위에 X 모양을 3799 1가닥으로 아웃라인s 합니다. 이어서 뒤꿈치와 앞코의 안쪽 외곽선을 414로 아웃라인s 하여 면을 나누어줍니다.

타자기, 재봉틀, 전화기, 전등

3

TYPEWRITER, SEWING MACHINE, PHONE, LAMP

원색의 색감이 포인트가 되는 자수입니다. 작은 부분을 세밀하고 꼼꼼하게 수놓는 것이 중요합니다.
메인 자수가 연상되는 귀여운 라벨과 함께 오너먼트를 만들어보세요. p.187

사용한 실 DMC 25번사 :
[타자기] 03, 310, 317, 444, 666, 700, 794, 803, 971, blanc, ecru
[재봉틀] 03, 310, 317, 318, 334, 352, 414, 415, 603, 666, 783, 3820, 3825, blanc
[전화기] 03, 168, 310, 318, 347, 414, 666, 817, 3799, blanc
[전등] 210, 317, 351, 414, 444, 612, 721, 762, blanc

사용한 기법 아우트라인s, 새틴s, 스플릿s, 스트레이트s, 체인s, 백s, 블랭킷s

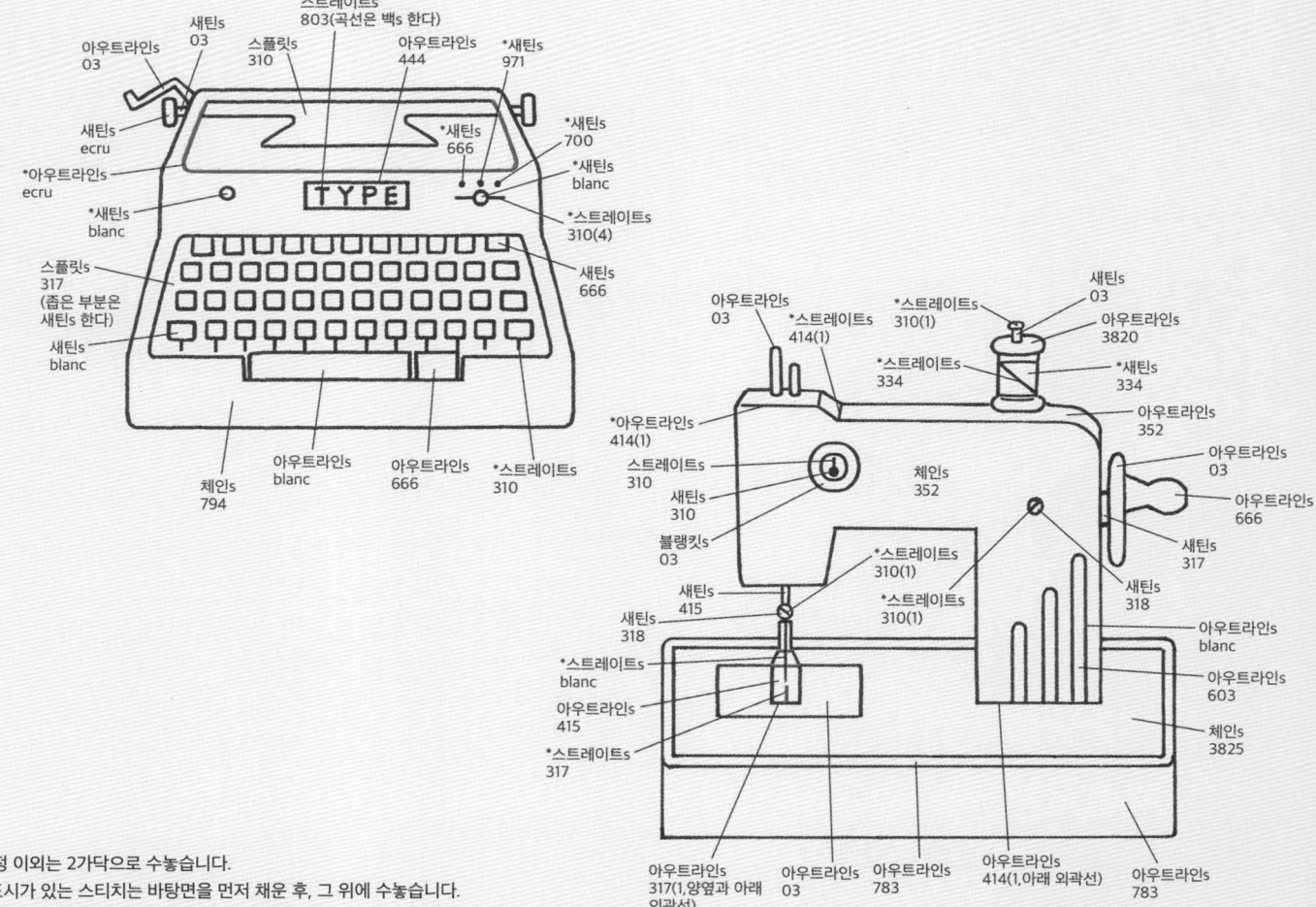

※ 지정 이외는 2가닥으로 수놓습니다.
※ * 표시가 있는 스티치는 바탕면을 먼저 채운 후, 그 위에 수놓습니다.

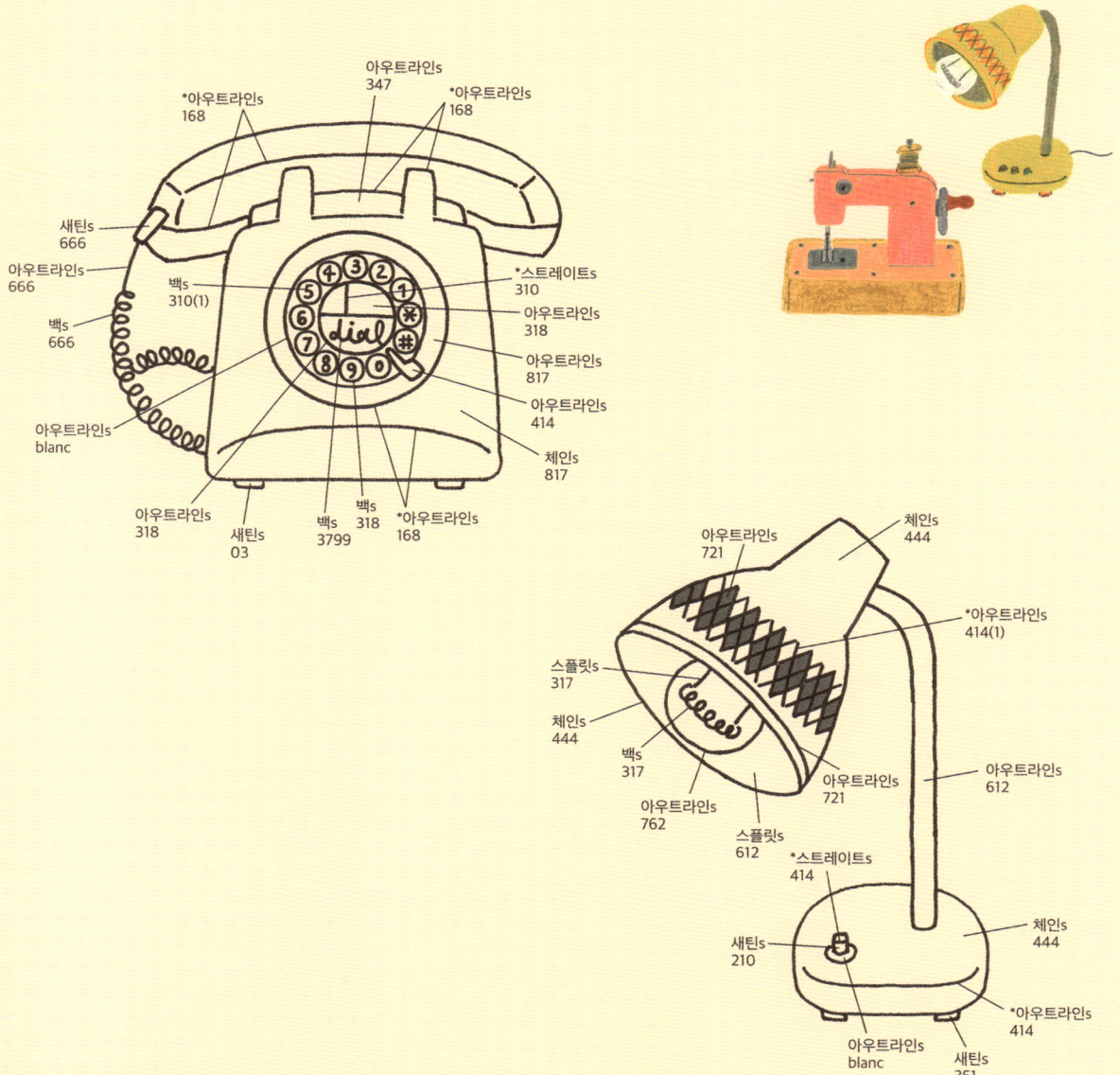

수놓기

◆ 타자기

수놓는 순서
자판의 키 ▶
자판의 바탕면 ▶
영문 ▶
종이 나오는 부분(310) ▶
타자기 몸체(794) ▶
기타 요소

- 자판의 모든 키를 각각 새틴s, 아우트라인s 한 뒤, 자판의 바탕면을 317로 채웁니다. 이때 바탕면의 바깥쪽 둘레와 아랫면은 길게 스플릿s 하고 키와 키 사이의 좁은 면은 새틴s 합니다. 그 위에 키 아래쪽의 짧은 선을 310으로 스트레이트s 합니다.
- 영문을 스트레이트s 하고 곡선 부분은 백s 합니다. 이어서 테두리를 아우트라인s 합니다.
- 종이가 나오는 부분을 310으로 스플릿s 한 후, 바로 아래쪽 면과 타자기 전체 몸체를 794로 각각 체인s 합니다. 그 위에 도안에 표시된 윗면의 외곽선을 ecru로 수놓아 면을 나누어줍니다.
- 작은 버튼과 타자기 바깥쪽의 기타 요소들을 각각 수놓고 마무리합니다.

◆ 재봉틀

수놓는 순서
열쇠구멍, 나사, 긴 홈 ▶
재봉틀 몸체 ▶
몸체 위쪽과 옆쪽의 기타 요소
(실패, 바퀴 등) ▶
바늘과 노루발 부분 ▶
받침대

- 열쇠구멍과 짧은 선을 각각 수놓고 그 둘레를 블랭킷s 합니다. 나사는 면을 수놓고 그 위에 스트레이트s 하고, 3개의 긴 홈은 외곽선, 면 순으로 수놓습니다.
- 재봉틀 몸체의 앞면은 체인s, 윗면은 아우트라인s 합니다. 그 위에 414 1가닥으로 안쪽선을 각각 아우트라인s, 스트레이트s 하여 면을 나누어줍니다.
- 실패의 몸통을 아우트라인s 하고 그 위에 실 부분을 조금 헐겁게 새틴s 합니다. 이어서 사선으로 스트레이트s를 해서 실이 자연스럽게 감긴 모양을 표현합니다.
- 재봉틀 옆쪽의 바퀴 부분은 안쪽 얇은 면을 새틴s 하고 바퀴는 03, 손잡이는 666으로 아우트라인s 합니다.
- 바늘과 노루발 부분은 위에서부터 차례로 수놓고 그 위에 도안에 표시된 노루발의 안쪽선을 317로 스트레이트s 합니다. 바늘을 blanc으로 스트레이트s 한 후, 노루발 아래의 판을 수놓습니다.
- 받침대의 윗면을 체인s 하고 테두리면을 783으로 아우트라인s 합니다. 마지막으로 옆면을 아우트라인s 하여 마무리합니다.

◆ **전화기**

수놓는 순서
다이얼 부분 ▶
전화기, 수화기 몸체 ▶
몸체 안쪽선(168) ▶
전화선

- 다이얼의 영문을 촘촘히 백s 한 후, 둥근 외곽선을 아우트라인s 합니다. 이어서 위쪽 반원만 채우고 그 위에 310으로 스트레이트s 합니다. 숫자를 백s 하고 숫자마다 둥근 외곽선을 수놓습니다. 마무리로 둘레의 큰 원을 아우트라인s 합니다.
- 전화기와 수화기 몸체의 안쪽선(168)을 살짝 비워두고 외곽선의 모양을 따라 바탕면을 체인s 합니다. 그 위에 안쪽선(168)을 모두 아우트라인s 해서 면을 나누어 줍니다.
- 전화선은 수화기 끝에 새틴s에서부터 짧게 아우트라인s를 이어준 후, 꼬불꼬불한 선을 짧은 땀으로 촘촘히 백s 합니다.

◆ **전등**

수놓는 순서
아가일 패턴의 마름모 ▶
전등갓 바깥쪽 면 ▶
아가일 패턴의 X 모양 ▶
전구, 전등갓 안쪽 면 ▶
전등 목 ▶
스위치, 받침대

- 아가일 패턴의 마름모를 수놓고 전등갓의 타원형 둘레와 면을 체인s 합니다. 그 위에 아가일 패턴의 X 모양을 414 1가닥으로 아우트라인s 하고, 721로 둘레의 안쪽선을 수놓습니다.
- 전구의 외곽선과 필라멘트를 각각 수놓고 전등갓의 안쪽 면을 스플릿s 합니다. 이어서 전등 목을 수놓습니다.
- 버튼을 면, 그 위에 짧은 선, 둘레 면 순으로 수놓습니다. 이어서 받침대를 체인s 하고, 그 위에 안쪽선을 수놓아 면을 나누어줍니다. 마지막으로 발을 새틴s 합니다.

라디오와 카세트테이프

RADIO & CASSETTE TAPES

레트로 감성이 물씬 풍기는 라디오와 카세트테이프 자수입니다.
테이프의 타이틀과 어울리게 각각 다른 분위기와 색감으로 이루어져 있어요.
납작한 솜을 넣어 말랑한 감촉의 열쇠고리를 만들어보세요. p.189

사용한 실 DMC 25번사 :
[라디오] 03, 310, 312, 317, 321, 352, 415, 648, 762, 3799, blanc
[데이드림 테이프] 210, 211, 414, 444, 553, 564, 725, 938, 3765, 3850
[데일리 테이프] 31, 334, 352, 414, 666, 701, 727, 818, 938, 967
[믹스 테이프] 03, 310, 414, 415, 518, 648, 699, 842, 938, 971, 3862, blanc

사용한 기법 아우트라인s, 체인s, 스트레이트s, 새틴s, 스플릿s, 백s, 롱 앤드 쇼트 s

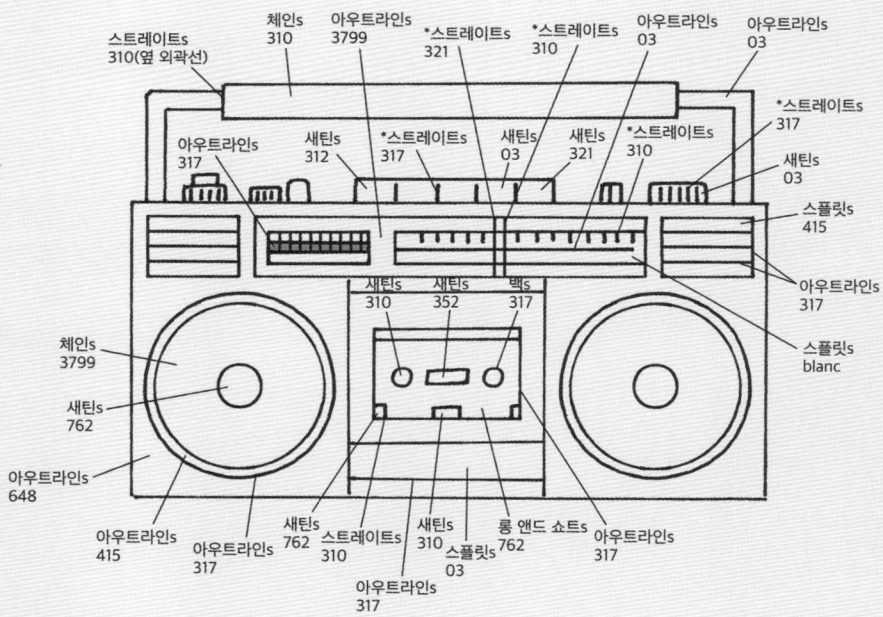

※ 지정 이외는 2가닥으로 수놓습니다.
※ * 표시가 있는 스티치는 바탕면을 먼저 채운 후, 그 위에 수놓습니다.

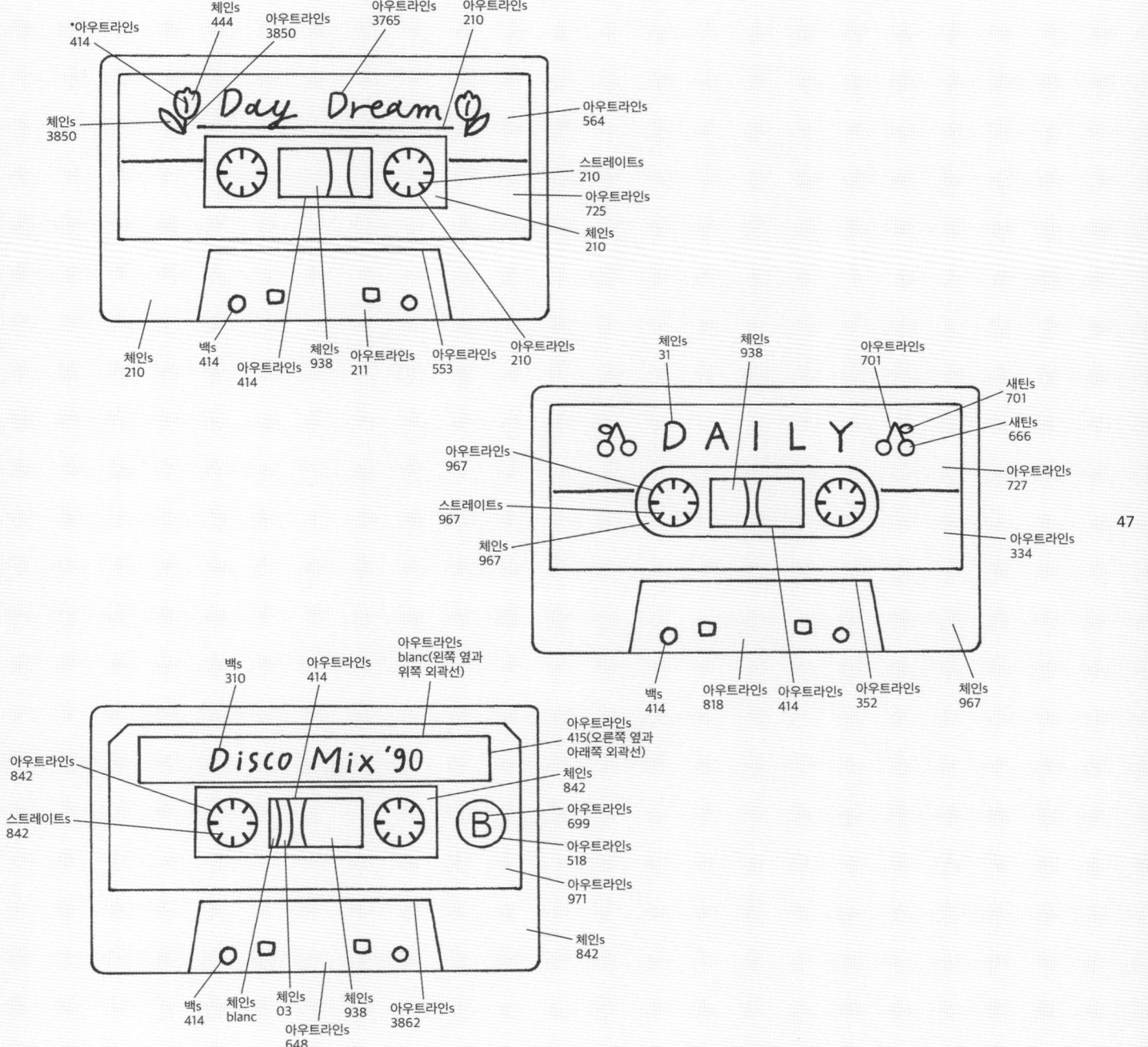

수놓기

◆ 라디오

수놓는 순서
테이프 입구 ▶
주파수판 ▶
사각 스피커 ▶
스피커 ▶
라디오 바탕면 ▶
버튼 ▶
손잡이

- 조금 복잡해 보이지만 반복되는 스티치가 많아 어렵지 않습니다. 먼저 테이프를 넣는 부분의 직사각형 외곽선을 317로 아웃라인s 한 후, 작은 원과 사각형을 모두 수놓습니다. 그리고 바탕면을 762로 롱 앤드 쇼트s 합니다. 이어서 그 위아래와 양옆의 모든 선을 317로 아웃라인s 한 후, 바탕면을 03으로 스플릿s 합니다.
- 주파수판의 안쪽 긴 직사각형의 가운데 선을 03으로 아웃라인s 한 후, 면을 blanc으로 스플릿s 합니다. 그 위에 짧은 선과 긴 선을 각각 스트레이트s 합니다. 짧은 직사각형도 같은 순서로 수놓고 주파수판의 전체 바탕면을 3799로 아웃라인s 합니다.
- 주파수판 양옆의 사각 스피커는 외곽선을 아웃라인s 한 뒤, 면을 스플릿s 합니다.
- 스피커는 중앙의 작은 원을 새틴s를 한 후, 넓은 면을 둥글게 체인s 합니다. 그리고 둘레의 얇은 면과 외곽선을 각각 아웃라인s 합니다.
- 라디오 몸체의 바탕면을 648로 아웃라인s 합니다. 이어서 모든 버튼의 면은 03, 312, 321로 새틴s 하고 버튼의 줄무늬는 317로 스트레이트s 합니다.

◆ 카세트 테이프

수놓는 순서
테이프 감는 부분 ▶
영문과 작은 그림 ▶
몸체 바탕면 ▶
하단 사다리꼴 부분 ▶
몸체 둘레

- 먼저 중앙에 테이프를 938로 체인s 합니다. 이어서 양옆의 원을 아웃라인s 하고 톱니를 짧게 스트레이트s 합니다. 그리고 그 둘레의 얇은 면을 체인s 합니다.
- 영문과 양옆의 작은 그림을 짧은 땀으로 촘촘히 수놓은 후, 테이프 몸체 안쪽의 바탕면을 아웃라인s 합니다. 이때 꽃은 꽃잎을 체인s 한 뒤, 그 위에 414로 아웃라인s 합니다. 이어서 줄기와 잎을 수놓습니다. 체리는 체리 열매를 666으로 새틴s 하고 줄기, 잎을 수놓습니다.
- 하단 사다리꼴의 작은 원과 네모를 414로 백s 합니다. 이어서 사다리꼴 바탕면과 외곽선을 각각 아웃라인s 합니다. 마지막으로 테이프의 전체 둘레 면을 체인s 하여 완성합니다.

작은 것들

우표와 열쇠, 실패, 브로치, 성냥갑 그리고 알록달록한 반지들.
서랍 깊숙이 있을 것만 같은 손때 묻은 작은 물건들을 모은 도안입니다.
위쪽에 영어필기체 타이틀을 두껍게 수놓아 패브릭 포스터로 활용해도 좋아요.

little things

사용한 실 DMC 25번사 :
[레터링] 169
[토끼 우표] 310, 317, 414, 995, 3856, blanc
[열쇠] 03, 310, 317, 700, blanc
[실패] 666, 676, 3752
[꽃 브로치] 318, 564, 778, 3731, 3814
[성냥] 221, 318, 321, 414 437, 444, 553, 700, 704, 762, 794, 971, 3825, blanc
[방울꽃 우표] 414, 470, 704, 972, 3750, blanc
[비즈 반지] 210, 310, 352, 444, 725, 741, 907, 3364, 3765, 3766
[새 브로치] 169, 414, 415, 310, 564
[보이스카우트 배지] 783, 798, 938, 3820, blanc

사용한 기법 아우트라인s, 백s, 체인s, 롱 앤드 쇼트s, 스트레이트s, 새틴s, 프렌치 노트s

아우트라인s 169(4)
스트레이트s 169 (4, 여러 번 겹쳐서 수놓는다)

little things

아우트라인s blanc
백s 414
*아우트라인s 317 (몸통 안쪽선 모두 수놓는다)
롱 앤드 쇼트s 995 (가로로 수놓는다)
아우트라인s 995
아우트라인s 310
체인s 3856
*스트레이트s 317

700 ('끈 만들기'를 참고한다)
아우트라인s 317
아우트라인s 03
*아우트라인s 700
아우트라인s blanc
아우트라인s 310
체인s 03
*아우트라인s 317
*아우트라인s blanc(317과 붙여서 수놓는다)
아우트라인s 03 (오른쪽 외곽선과 아래 뾰족한 부분까지 수놓는다)

아우트라인s 666
체인s 676
아우트라인s 666
아우트라인s 3752
*아우트라인s 3752

아우트라인s 3731
체인s 778
아우트라인s 318
체인s 778
*아우트라인s 3731
아우트라인s 3814
*아우트라인s 564
체인s 3814

*스트레이트s 444
새틴s blanc
체인s 321
아우트라인s 794
백s 318(1)
아우트라인s 3825
아우트라인s 437
새틴s 553
아우트라인s 700
아우트라인s 971
아우트라인s 704
아우트라인s 444
아우트라인s 318(옆 외곽선)
체인s 221
아우트라인s blanc
아우트라인s 414
아우트라인s 318
아우트라인s 762

새틴s blanc
체인s blanc
백s 414
아우트라인s 704
체인s 470
아우트라인s 3750
롱 앤드 쇼트s 972 (세로로 수놓는다)
아우트라인s 972

프렌치 노트s 3364(3번 감기)
새틴s 352
프렌치 노트s 741(3번 감기)
프렌치 노트s 210(3번 감기)
새틴s 725
프렌치 노트s 3765(3번 감기)

아우트라인s 444
*스트레이트s 310 (여러 번 겹쳐서 수놓는다)
*백s 310
프렌치 노트s 3766(3번 감기)
프렌치 노트s 907(3번 감기)

체인s 415
아우트라인s 414
체인s 564
*스트레이트s 310 (여러 번 겹쳐서 수놓는다)
*아우트라인s 169

백s 938
*아우트라인s blanc
아우트라인s 783
체인s 798
아우트라인s 3820

※ 70% 축소 도안(실제 크기 도안 p.205)
※ 지정 이외는 2가닥으로 수놓습니다.
※ * 표시가 있는 스티치는 바탕면을 먼저 채운 후, 그 위에 수놓습니다.

수놓기

◆ **little things**

- 169 4가닥으로 아웃라인s 하고 i의 점은 꽉 찰 때까지 여러 번 겹쳐서 스트레이트s 합니다. l, t, e, g, s 와 같이 감겼다가 풀리는 모양은 감기는 부분 한 바퀴를 수놓고 마무리한 후, 선이 겹치는 지점부터 다시 수놓습니다.

◆ **토끼 우표**

<u>수놓는 순서</u>
토끼 몸통 ▶
몸통 안쪽선(317) ▶
눈, 코, 입 ▶
우표의 영문, 숫자 ▶
우표 바탕면 ▶
우표 테두리 외곽선

- 토끼의 얼굴, 귀, 몸통 순으로 체인s 합니다. 몸통은 앞발 2면을 수놓고 등에서부터 뒷발까지 외곽선의 모양을 따라 둥글게 수놓습니다. 그 위에 몸통의 안쪽선을 317로 모두 아웃라인s 해 면을 나누어 줍니다. 이어서 눈, 코, 입을 짧게 스트레이트s 합니다.
- 우표의 가장자리에 영문과 숫자를 짧은 땀으로 촘촘히 아웃라인s 합니다. 이어서 우표의 바탕면을 가로로 롱 앤드 쇼트s 한 후, 외곽선을 아웃라인s 합니다. 마지막으로 우표의 울퉁불퉁한 테두리 외곽선을 짧은 땀으로 촘촘히 백s 하여 완성합니다.

◆ **열쇠**

<u>수놓는 순서</u>
숫자, 작은 구멍 ▶
손잡이 안쪽선(blanc) ▶
손잡이 바탕면 ▶
손잡이 테두리면 ▶
끈의 고리(700) ▶
열쇠 바탕면 ▶
열쇠 안쪽선(317, blanc) ▶
끈 만들기

- 먼저 숫자와 작은 구멍을 짧은 땀으로 수놓은 후, 손잡이의 안쪽선을 blanc으로 각각 아웃라인s 합니다. 이어서 바탕면을 03으로 아웃라인s 하고 테두리 면을 체인s 합니다. 그 위에 끈의 고리 부분(700)을 구멍의 안쪽에서 시작해서 안쪽으로 아웃라인s 합니다.
- 열쇠 부분은 03으로 체인s 한 후, 오른쪽과 아래쪽 뾰족한 외곽선만 아웃라인s 합니다. 이어서 안쪽선은 317과 blanc을 서로 붙여서 수놓습니다.

끈 만들기

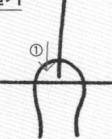 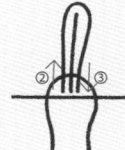 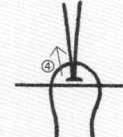 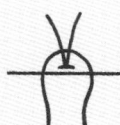

1. 실 3가닥으로 매듭짓지 않고 시작합니다. 열쇠와 끈 고리 사이에 앞면 쪽에서 바늘을 넣습니다. 실을 끝까지 빼지 말고 2cm 정도 남겨둡니다.
2. 실의 왼쪽으로 바늘을 빼내고 오른쪽으로 넣습니다.
3. 처음 바늘을 넣었던 가운데 부분으로 빼냅니다.
4. 1cm 정도로 잘라 정리합니다.

◆ **실패**

수놓는 순서
위, 아래 실패 ▶
실타래 ▶
실(사선) ▶
튀어나온 실 끝부분

- 먼저 위쪽 실패의 작은 구멍을 아우트라인s 합니다. 그리고 위, 아래 실패의 바탕면을 666으로 아우트라인s 한 후, 곡선의 외곽선을 676으로 체인s 합니다.
- 실패의 끝이 보이지 않도록 실타래를 살짝 겹쳐지게 3752로 아우트라인s 합니다. 실타래를 가로로 차곡차곡 쌓은 후, 그 위에 사선 실과 튀어나온 실 끝부분을 수놓습니다.

◆ **꽃 브로치**

수놓는 순서
꽃 외곽선 ▶ 꽃 바탕면 ▶
꽃봉오리 바탕면 ▶
꽃봉오리 안쪽선 ▶
가지, 잎 ▶ 잎맥 ▶ 옷핀

- 꽃은 외곽선을 3731로 아우트라인s 하고 면을 778로 체인s 합니다. 꽃봉오리는 바탕면을 778로 체인s 하고 그 위에 안쪽선을 3731로 아우트라인s 합니다.
- 모든 가지를 아우트라인s 하고 잎을 체인s 한 후, 그 위에 잎맥을 564로 아우트라인s 합니다.
- 옷핀은 꽃의 중심에서 사선으로 살짝 기울어지게 아우트라인s 합니다.

◆ **성냥갑**

수놓는 순서
성냥 ▶
성냥 상자 ▶
성냥 뚜껑 윗면의 그림 ▶
성냥 뚜껑 윗면의 바탕 ▶
성냥 뚜껑 옆면

- 성냥의 머리를 새틴s 하고 나뭇개비를 아우트라인s 합니다. 이어서 상자 부분의 외곽선을 아우트라인s 한 후, 옆면을 채웁니다.
- 뚜껑 윗면의 집은 지붕부터 아래로 수놓습니다. 그리고 꽃잎을 체인s 한 후, 그 위에 444로 짧게 스트레이트s 하고 줄기와 잎을 수놓습니다.
- 뚜껑의 바탕면을 3825로 수놓고 가장자리 선(971)을 아우트라인s 합니다. 그리고 나뭇개비의 끝이 보이지 않도록 살짝 겹쳐지게 뚜껑의 양 가장자리 면(444)을 수놓습니다. 그 다음 뚜껑의 옆면을 수놓은 후, 양옆의 짧은 외곽선만 318로 아우트라인s 하여 마무리합니다.

◆ **방울꽃 우표**

수놓는 순서
줄기 ▶ 방울꽃 ▶ 잎 ▶
숫자 ▶ 우표 바탕면 ▶
우표 테두리 외곽선

- 줄기의 가장 윗부분부터 끝까지 길게 아우트라인s 한 후, 그 아래 3개의 휘어진 줄기를 각각 수놓습니다. 꽃잎은 넓은 면을 blanc으로 체인s 하고 볼록볼록한 면을 각각 새틴s 합니다. 이어서 잎을 체인s 합니다.
- 숫자를 짧은 땀으로 아우트라인s 합니다. 이어서 우표의 바탕면을 972로 세로로 롱 앤드 쇼트s 한 후, 외곽선을 아우트라인s 합니다. 마지막으로 우표의 울퉁불퉁한 테두리 외곽선을 짧은 땀으로 촘촘히 백s 하여 완성합니다.

◆ **비즈 반지**

수놓는 순서
꽃반지 :
꽃술 ▶ 꽃잎 ▶ 반지 고리
스마일 :
얼굴 ▶ 눈, 입 ▶ 반지 고리

- 모든 프렌치 노트s는 2가닥으로 3번 감습니다.
- 꽃반지는 꽃술을 새틴s 하고 그 둘레의 꽃잎을 프렌치 노트s 합니다. 고리는 외곽선을 따라 빈틈없이 촘촘히 수놓습니다. 작은 꽃반지는 꽃을 수놓은 후, 중간 중간의 포인트 비즈(3765)를 먼저 수놓고 고리 외곽선을 채웁니다.
- 스마일 반지는 먼저 얼굴 면을 444로 아웃라인s 합니다. 그리고 그 위에 눈을 310으로 여러 번 겹쳐서 스트레이트s 하고 입은 백s 합니다. 그 다음 외곽선을 따라 빈틈없이 촘촘히 프렌치 노트s 합니다.

◆ **새 브로치**

수놓는 순서
새의 몸통 ▶ 날개 ▶
날개와 꼬리의 안쪽선 ▶
눈 ▶ 옷핀

- 외곽선 모양의 흐름을 따라서 새의 몸통을 564로 체인s 합니다. 이어서 날개의 외곽선을 수놓은 후, 볼록한 구간 별로 각 면을 채웁니다. 그 위에 안쪽선(169)을 아웃라인s 해서 결을 표현합니다.
- 눈은 작고 동그란 모양이 되도록 여러 번 겹쳐서 스트레이트s 합니다.
- 옷핀은 끝이 보이지 않도록 새의 날개와 머리의 살짝 밑에서부터 비스듬히 아웃라인s 합니다. 그 끝에 옷핀 머리 아래쪽의 평평한 외곽선만 아웃라인s 한 후, 면을 체인s 합니다.

◆ **보이스카우트 배지**

수놓는 순서
손 외곽선
(오른쪽, 아래쪽 외곽선 제외) ▶
손 바탕면 ▶ 배지 바탕면 ▶
손 오른쪽, 아래쪽 외곽선
(blanc) ▶
배지 테두리면

- 도안에 표시된 손의 오른쪽과 아래쪽 외곽선(blanc)을 제외한 외곽선(938)을 짧은 땀으로 백s 한 후, 면을 783으로 채웁니다. 이어서 배지의 바탕면을 798로 체인s 하고 그 위에 손의 오른쪽과 아래쪽 외곽선을 blanc으로 아웃라인s 합니다. 마지막으로 배지의 바깥쪽 테두리면을 3820으로 아웃라인s 하여 마무리합니다.

카메라와 필름

CAMERAS & FILMS

사진을 찍고 바로 확인하는 것이 자연스러운 시대에 살고 있지만 필름 카메라는 기다림과 느림의 미학이 있죠.
눈을 감은 사진, 환하게 웃는 사진, 노을 지는 모든 순간을 추억으로 만들어 줍니다.
카메라와 필름의 작은 부분까지 차근차근, 느긋하게 수놓아보세요.

film camera

film

disposable camera

사용한 실　DMC 25번사 :
[다이아 필름] 310, 415, 741, 839, 907, 938, 3765, blanc
[필름 카메라] 310, 317, 318, 414, 415, 648, 3799, blanc
[PRO 필름] 31, 151, 310, 839, 938, 959, 3799, 3862, blanc
[일회용 카메라] 310, 414, 666, 725, 762, 798, 3799, blanc

사용한 기법　아우트라인s, 체인s, 새틴s, 스트레이트s, 스플릿s, 백s

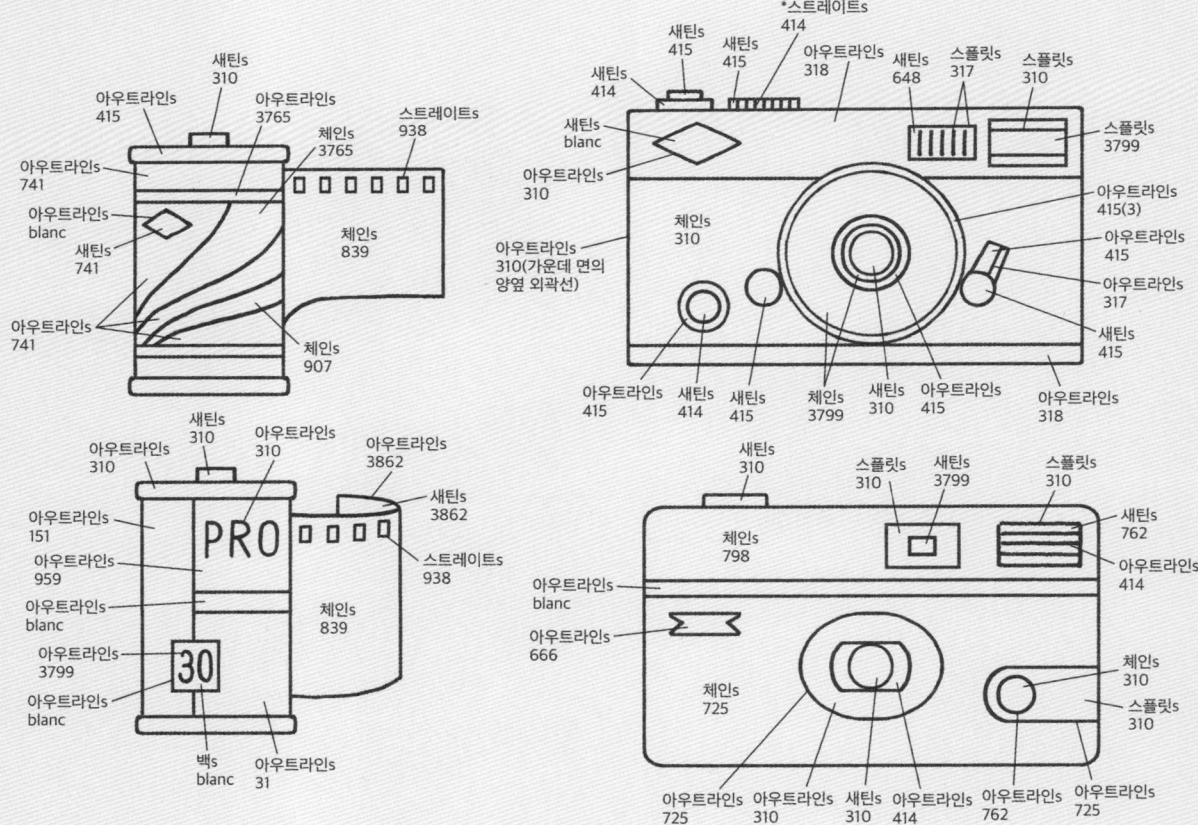

※　지정 이외는 2가닥으로 수놓습니다.
※　* 표시가 있는 스티치는 바탕면을 먼저 채운 후, 그 위에 수놓습니다.

수놓기

◆ 다이아 필름

수놓는 순서
마름모 ▶
무늬(3765, 907) ▶
필름통 바탕면 ▶
필름통 위, 아랫면 ▶
필름 외곽선 ▶
작은 네모 구멍 ▶
필름 바탕면

- 마름모의 면을 새틴s 한 후, 외곽선을 아우트라인s 합니다. 이어서 무늬 면(3765, 907)을 수놓은 뒤, 필름통의 외곽선을 741로 아우트라인s 하고 바탕면을 채웁니다. 그 다음 필름통의 위 아래의 얇은 면을 각각 수놓습니다.
- 필름의 외곽선을 839로 체인s 하고 작은 네모 구멍을 스트레이트s 합니다. 그 다음 필름 바탕면을 채웁니다.

◆ 필름 카메라

수놓는 순서
렌즈, 프레임 ▶
프레임 옆 버튼, 레버 ▶
카메라 가운데 바탕면(310) ▶
마름모, 플래시, 뷰파인더 ▶
카메라 위쪽 바탕면(318) ▶
버튼, 다이얼 ▶
카메라 아래쪽 바탕면(318)

- 렌즈를 310으로 새틴s 하고 둘레의 프레임을 안쪽부터 차례로 수놓습니다. 이어서 버튼과 레버를 차근차근 수놓고 카메라의 가운데 바탕면을 체인s 합니다. 그 다음 양옆 외곽선만 아우트라인s 합니다.
- 마름모, 플래시, 뷰파인더는 외곽선과 줄무늬를 먼저 수놓고 면을 채웁니다. 그리고 카메라 위쪽 면의 외곽선을 318로 아우트라인s 한 후, 바탕면을 채웁니다. 그 다음 버튼과 다이얼의 면을 새틴s 하고 그 위에 줄무늬를 414로 짧게 스트레이트s 합니다.
- 카메라 아래쪽 바탕의 외곽선을 318로 아우트라인s 한 후, 면을 채웁니다.

◆ PRO 필름

수놓는 순서
영문, 바탕면(959) ▶
얇은 면(blanc) ▶
아랫면(31) ▶
숫자, 바탕면(blanc) ▶
왼쪽 긴 면(151) ▶
필름 통 위, 아랫면(310) ▶
필름 외곽선 ▶
작은 네모 구멍 ▶
필름 바탕면 ▶
필름 반대쪽 면

- 오른쪽 면을 수놓고 왼쪽의 긴 면을 수놓습니다. 이때 영문과 숫자를 먼저 수놓고 바탕면을 채웁니다. 그리고 필름 통 위아래의 얇은 면(310)을 각각 수놓습니다.
- 필름은 외곽선을 839로 체인s 하고 작은 네모 구멍을 스트레이트s 합니다. 그리고 필름 바탕면을 채운 후, 반대쪽 면을 3862로 수놓습니다.

◆ 일회용 카메라

수놓는 순서
렌즈, 프레임 ▶
프레임 옆 작은 버튼 부분, 리본 ▶
카메라 아래쪽 바탕면(725) ▶
카메라 가운데 바탕면(blanc) ▶
뷰파인더, 플래시 ▶
카메라 위쪽 바탕면(798) ▶
버튼

- 렌즈를 310으로 새틴s 한 후, 그 둘레의 프레임을 안쪽부터 차례로 아우트라인s 합니다.
- 둥근 버튼의 면과 외곽선을 각각 수놓고 그 둘레 면을 스플릿s 합니다. 그리고 작은 리본을 수놓습니다.
- 프레임의 타원형 외곽선과 버튼의 둘레 외곽선을 725로 아우트라인s 한 후, 카메라의 바탕면을 체인s 합니다.
- 카메라의 가운데 얇은 면을 아우트라인s 하고 뷰파인더와 플래시를 각각 수놓습니다. 플래시는 외곽선과 줄무늬를 수놓은 뒤 면을 새틴s 합니다. 이어서 위쪽 바탕면을 체인s 한 후, 버튼을 수놓습니다.

턴테이블과 LP

TURNTABLE & LP

턴테이블과 LP의 낭만을 담은 자수입니다.
LP의 커버마다 색감과 분위기를 달리하여 다양하게 구성한 도안이에요.
아날로그의 감성을 느끼며 재미있게 수놓아보세요.

사용한 실 DMC 25번사 :
[코끼리 LP] 310, 317, 318, 666, 700, 913, 761, 972, 3766, blanc
[턴테이블] 03, 310, 317, 415, 612, 918, 959, 971, 995, blanc
[알로하 LP] 211, 310, 434, 436, 437, 470, 505, 518, 699, 704, 725, 3052, 3750, 3820, blanc
[티타임 LP] 03, 310, 321, 352, 415, 437, 444, 745, 3354, 3776, blanc

사용한 기법 아우트라인s, 체인s, 스트레이트s, 프렌치 노트s, 새틴s, 스플릿s, 더블 크로스s, 레이지데이지s

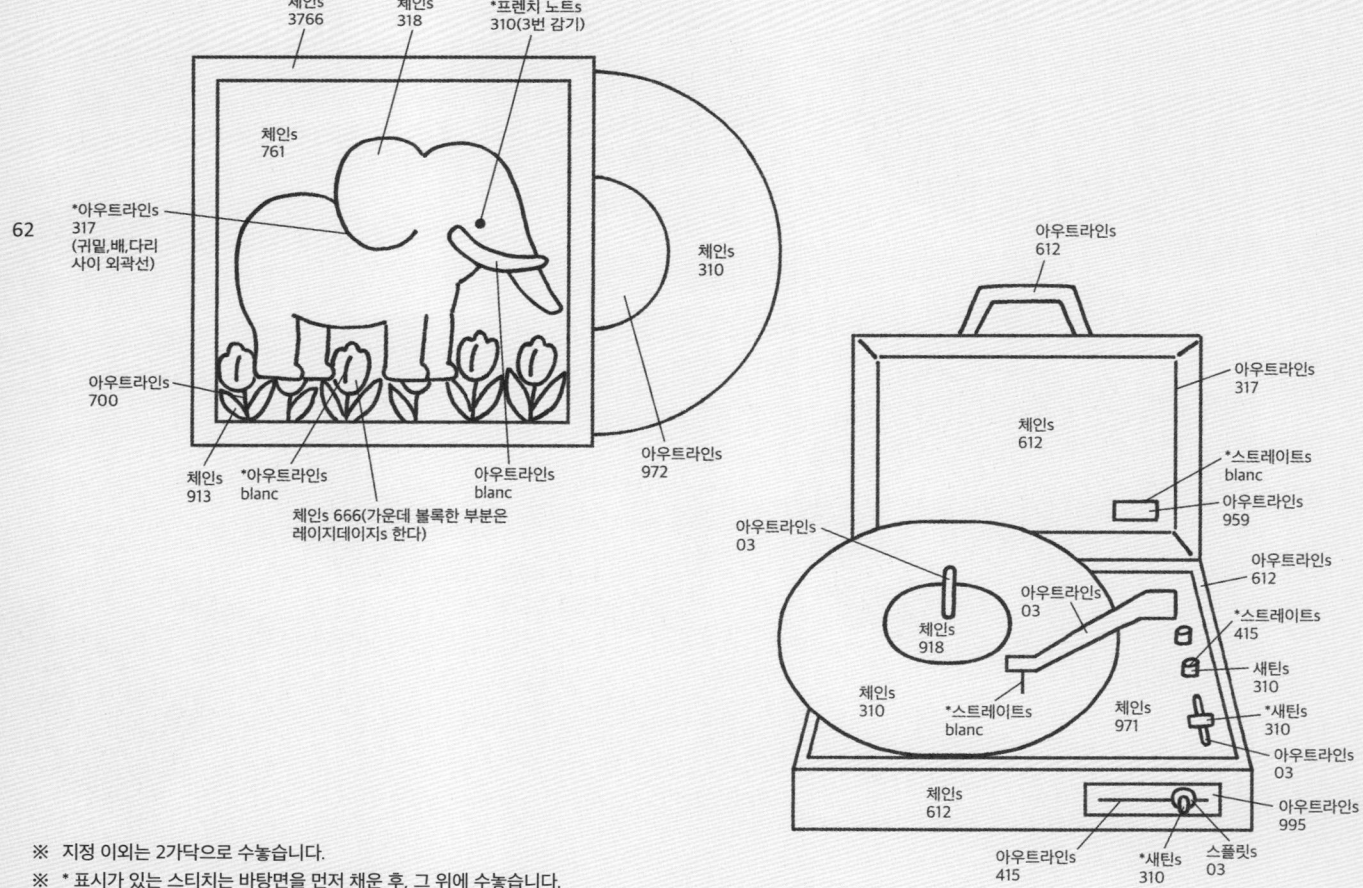

※ 지정 이외는 2가닥으로 수놓습니다.
※ * 표시가 있는 스티치는 바탕면을 먼저 채운 후, 그 위에 수놓습니다.

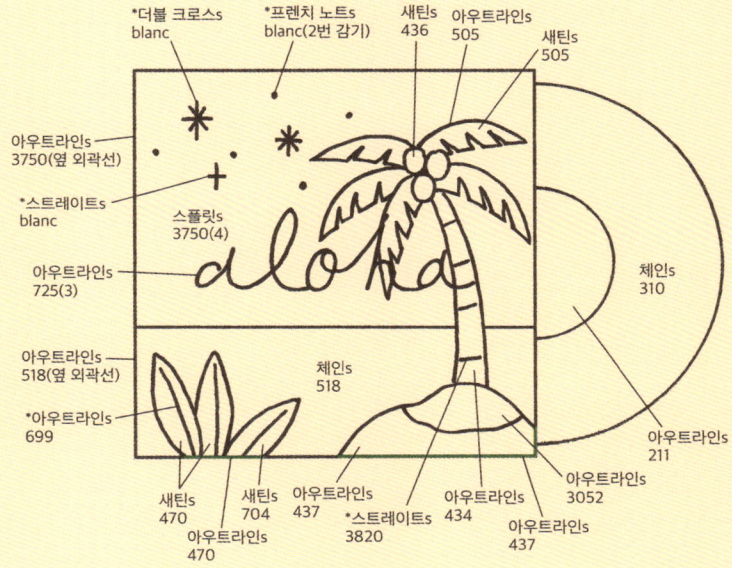

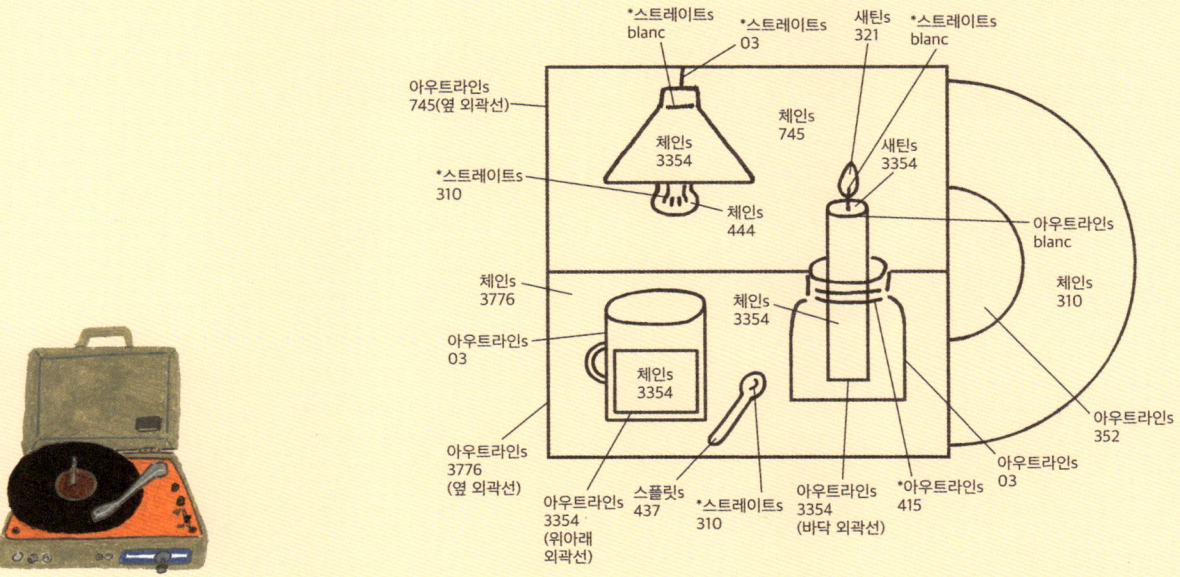

63

수놓기 LP는 먼저 작은 반원의 외곽선을 아우트라인s 하고 안쪽 방향으로 채웁니다. 큰 반원도 같은 방식으로 체인s 합니다.

◆ 코끼리 LP

수놓는 순서
코끼리 상아, 몸통, 눈 ▶
코끼리 몸통 안쪽선(317) ▶
튤립 ▶ 커버 바탕면 ▶
커버 테두리면 ▶
LP 작은 반원 ▶ LP 큰 반원

- 코끼리의 상아를 아우트라인s 한 후, 외곽선의 흐름을 따라 머리, 몸통, 다리 순으로 체인s 합니다. 그 위에 317로 귀밑 부분과 배, 다리 사이의 외곽선을 아우트라인s 하여 면을 나누어 줍니다. 눈은 가장 마지막에 310 2가닥으로 3번 감아 프렌치 노트s 합니다.
- 튤립은 2면을 각각 체인s 하고 가운데 볼록한 면만 레이지데이지s 합니다. 그 위에 안쪽선을 blanc으로 아우트라인s 하고 줄기와 잎 순으로 수놓습니다. 코끼리 발바닥 아래의 튤립은 사이에 틈이 생기지 않도록 꼼꼼히 수놓습니다.

◆ 턴테이블

수놓는 순서
LP ▶ 턴테이블 윗면의 톤암,
다이얼, 버튼 ▶ 윗면의 바탕면
▶ 윗면의 둘레면 ▶
턴테이블 옆면의 버튼 부분 ▶
옆면의 바탕면 ▶
턴테이블 커버의 안쪽선 ▶
커버의 라벨 ▶ 커버 바탕면 ▶
라벨의 외곽선 ▶
뚜껑의 손잡이

- LP 중앙의 스핀을 03으로 아우트라인s 한 후, LP의 작은 원과 큰 원 순으로 각각 체인s 합니다.
- 턴테이블 윗면의 톤암(긴 막대)을 아우트라인s 한 후, 바늘을 LP 위에 blanc으로 스트레이트s 합니다. 이어서 다이얼과 버튼을 꼼꼼히 수놓은 후, 윗면의 바탕면을 채우고 둘레면은 612로 아우트라인s 합니다.
- 옆면의 버튼을 수놓고 판 부분을 415, 995로 아우트라인s 합니다. 그리고 옆면의 외곽선을 612로 체인s 한 후, 면을 채웁니다.
- 커버는 안쪽선을 317로 아우트라인s 해서 면을 나누어줍니다. 그리고 라벨의 면만 959 수놓고 커버의 바탕면을 체인s 합니다. 그 위에 라벨의 외곽선을 수놓은 다음, 손잡이를 아우트라인s 합니다.

◆ 알로하 LP

수놓는 순서
야자수의 코코넛, 잎 ▶
야자수 기둥 ▶ 섬 ▶ 활엽수 ▶
aloha ▶ 하늘 ▶ 별 ▶
바다 ▶ LP 작은 반원 ▶
LP 큰 반원

- 코코넛을 새틴s 하고 잎의 윗부분 곡선을 505로 길게 아우트라인s 합니다. 그리고 뾰족하게 틈을 두고 면을 새틴s 합니다. 나무 기둥을 수놓은 다음, 그 위에 스트레이트s를 해서 마디를 나누어 줍니다.
- 섬의 2면을 고르게 수놓은 후, 도안에 표시된 아래쪽 외곽선을 437로 아우트라인s 해서 LP 커버의 테두리를 깔끔하게 정리합니다.
- 활엽수는 잎맥을 기준으로 V 모양이 되도록 2면을 각각 사선으로 새틴s 한 후, 그 위에 잎맥을 수놓습니다. 그리고 도안에 표시된 아래쪽 외곽선을 470으로 아우트라인s 합니다.

- 영문은 725 3가닥으로 촘촘히 아우트라인s 하고 끝부분은 야자수 위에 살짝 겹쳐 수놓습니다.
- 하늘은 3750 4가닥으로 가로로 스플릿s 하고 영문 안쪽 면과 야자수 잎 사이의 좁은 면에도 꼼꼼히 수놓습니다. 그리고 양옆 외곽선을 아우트라인s 한 후, 별을 수놓습니다.
- 바다는 가로로 체인s 하고 양 옆 외곽선을 아우트라인s 합니다.

◆ 티타임 LP

수놓는 순서
전등 ▶ 초, 유리병 ▶
컵, 숟가락 ▶ 벽 바탕면 ▶
테이블 바탕면 ▶
LP 작은 반원 ▶
LP 큰 반원

- 전등갓과 전구를 체인s 하고 그 위에 310으로 필라멘트를 스트레이트s 합니다.
- 촛불과 초의 윗면을 각각 새틴s 한 후, 그 사이에 걸쳐서 심지를 스트레이트s 합니다. 이어서 윗면의 아래쪽 선, 기둥, 바닥 외곽선 순으로 수놓습니다. 그 위에 유리병의 주둥이와 몸체를 아우트라인s 합니다.
- 컵의 외곽선을 아우트라인s 한 후, 조금 간격을 두고 음료 면을 체인s 하고 위아래 외곽선만 아우트라인s 합니다.
- 벽과 테이블을 각각 가로로 체인s 하고 양옆 외곽선만 아우트라인s 합니다.

롤러스케이트, 롤리팝, 하트선글라스, 아이스크림

ROLLER SKATE, LOLLIPOP, HEART SUNGLASS, ICE CREAM

레트로 하면 떠오르는 하이틴 감성을 모티프로 한 자수입니다.
롤러스케이트와 아이스크림, 하트선글라스와 롤리팝 각각의 톡톡 튀는 색감이 포인트가 됩니다.
완성한 자수의 테두리를 블랭킷 스티치로 둘러 와펜으로 만들어보세요. p.191

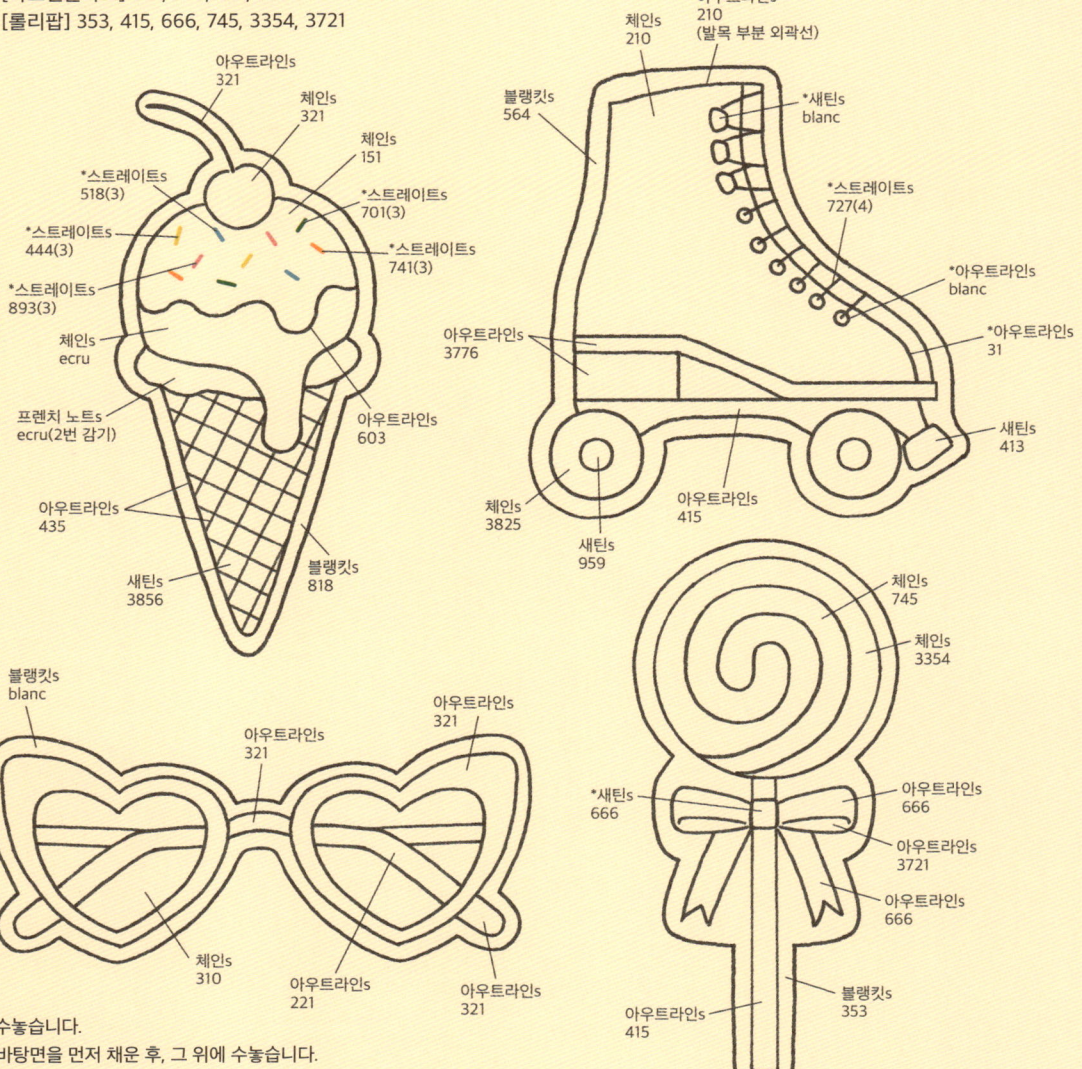

수놓기 둘레의 블랭킷s를 제외한 자수를 완성한 후 만드는 방법을 참고하여 마무리합니다. (p.191 참고)

◆ 아이스크림

수놓는 순서
체리 ▶ 시럽 ▶
스프링클 ▶
아이스크림
(프렌치 노트s 제외) ▶
콘 ▶
아이스크림 프렌치
노트s

- 위에서 아래 방향으로 수놓습니다. 먼저 체리를 321로 체인s 하고 꼭지를 길게 아웃라인s 합니다. 이어서 시럽을 151로 체인s 하고 구불구불한 아래쪽 외곽선만 603으로 아웃라인s 합니다. 그 위에 스프링클을 3가닥으로 스트레이트s 합니다.
- 아이스크림의 외곽선을 따라 흘러내리는 모양을 자연스럽게 체인s 합니다.
- 콘의 외곽선과 격자 무늬를 435로 아웃라인s 한 후, 각 면을 3856으로 새틴s 합니다.
- 가장 마지막에 프렌치 노트s를 수놓아 아이스크림의 질감을 표현합니다. 외곽선을 따라 수놓고 면을 촘촘히 채웁니다.

◆ 롤러스케이트

수놓는 순서
신발 바탕면 ▶
끈 구멍, 끈 ▶
신발 밑바닥, 굽, 철판 ▶
브레이크 ▶ 바퀴

- 신발의 바탕면을 체인s 한 후, 앞쪽의 안쪽선을 31로 아웃라인s 해서 면을 나누어줍니다. 그 위에 끈을 거는 부분과 구멍을 짧은 땀으로 촘촘히 수놓습니다. 끈은 727 4가닥으로 신발의 외곽선에서 시작해 끈 구멍의 중앙에 바늘을 넣어 끈이 꿰어진 모양을 표현합니다.
- 신발의 밑바닥과 굽, 철판을 순서대로 아웃라인s 합니다. 그리고 철판의 실 끝이 보이지 않도록 살짝 감싸듯이 브레이크와 바퀴를 수놓습니다. 바퀴는 작은 원을 새틴s 한 후에 큰 원을 둥글게 체인s 합니다.

◆ 하트선글라스

수놓는 순서
렌즈 ▶
렌즈에 비치는
안경다리 ▶
하트선글라스 프레임 ▶
안경 코, 다리 끝부분

- 먼저 렌즈를 310으로 체인s 하고 그 안에 비치는 안경다리를 221로 아웃라인s 합니다. 이어서 하트 모양의 선글라스 프레임을 321로 아웃라인s 한 후, 안경 코와 안경다리 끝부분을 수놓고 마무리합니다.

◆ 롤리팝

수놓는 순서
사탕 ▶
막대기 ▶
리본

- 먼저 사탕의 바깥쪽 소용돌이를 3354로 체인s 하고 안쪽 소용돌이를 745로 수놓습니다. 막대기를 아웃라인s 한 후, 그 위에 막대기를 감싸듯이 리본의 매듭을 새틴s 하고 날개와 꼬리를 순서대로 아웃라인s 합니다.

레트로 유리컵

RETRO GLASS CUPS

마니아층이 있을 정도로 요즘 다시 찾는 사람이 많은 레트로 유리컵 자수입니다.
작은 사이즈로 꼼꼼하게 수놓아 귀여운 브로치로 만들어보세요. p.192

사용한 실 DMC 25번사 :
[오란씨 컵] 03, 415, 971
[사이다 컵] 03, 321, 415
[콜라 컵] 03, 415, 817
[산록우유 컵] 03, 310, 312, 415, 702, blanc
[썬키스트 컵] 03, 310, 415, 444, 666, 701
[빙그레 컵] 03, 415, 666, 3765, blanc
[서울우유 컵] 03, 415, 666, blanc
[서주우유 컵] 03, 415, 702, blanc
[썬몬드 컵] 03, 415, 700, 721, blanc

사용한 기법 아우트라인s, 새틴s, 백s, 스플릿s, 체인s, 스트레이트s, 프렌치 노트s

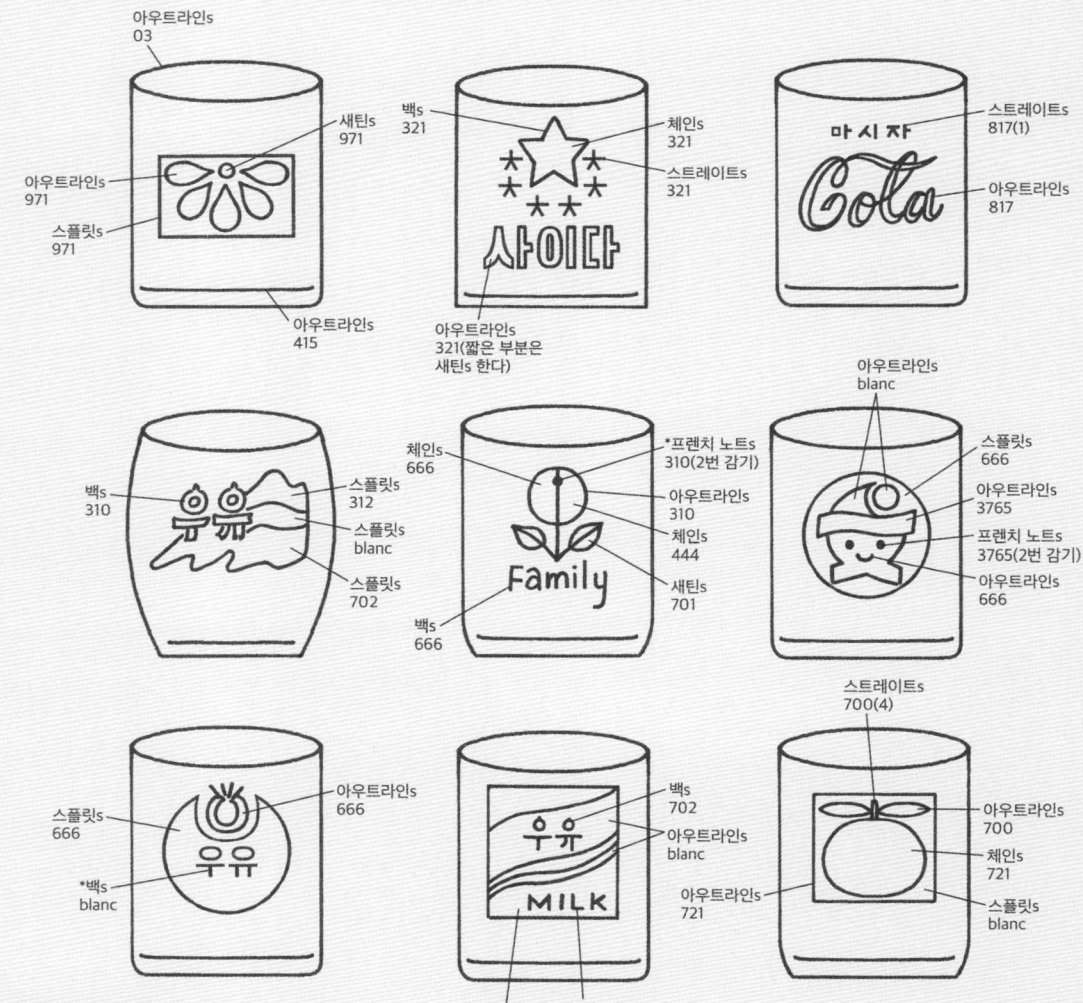

※ 지정 이외는 2가닥으로 수놓습니다.
※ * 표시가 있는 스티치는 바탕면을 먼저 채운 후, 그 위에 수놓습니다.

수놓기

- 도안이 작기 때문에 짧은 땀으로 촘촘히 수놓습니다.
- 메인 마크를 수놓은 후, 유리컵의 외곽선과 아래쪽 바닥 선을 순서대로 아우트라인s 합니다.

◆ 오란씨 컵

수놓는 순서
작은 원 ▶ 물방울 모양 ▶ 테두리 직사각형 ▶ 컵 외곽선

- 먼저 작은 원을 새틴s 하고 물방울 모양의 외곽선을 아우트라인s 한 후 면을 채웁니다. 그리고 테두리의 직사각형을 스플릿s 합니다.

◆ 사이다 컵

수놓는 순서
큰 별 ▶ 작은 별 ▶ 사이다 ▶ 컵 외곽선

- 큰 별은 외곽선을 백s 한 후, 면의 중앙에서부터 1구간씩 체인s 합니다.
- 작은 별은 위쪽 선과 아래쪽 2개의 선을 수놓고 가운데 선을 한 번에 스트레이트s 합니다.
- 글자는 아우트라인s 하고 'ㅏ', 'ㄷ'의 짧은 부분은 새틴s 합니다.

◆ 콜라 컵

수놓는 순서
cola ▶ 마시자 ▶ 컵 외곽선

- 영문 필기체의 두꺼운 면은 먼저 외곽선을 아우트라인s 한 후, 남은 면을 채웁니다. 얇은 선은 곡선의 흐름을 따라 알파벳끼리 자연스럽게 이어지도록 수놓습니다. 글자는 1획씩 스트레이트s 합니다.

◆ 산록우유 컵

수놓는 순서
우유 ▶ 윗면 ▶ 가운데 면 ▶ 아랫면 ▶ 컵 외곽선

- 글자는 짧은 땀으로 외곽선을 백s 한 후, 남은 면을 꼼꼼히 채웁니다. 삼색무늬는 위에서 아래로 각각 스플릿s 합니다.

◆ 썬키스트 컵

수놓는 순서
꽃의 2면 ▶ 전체 외곽선 ▶ 잎 면 ▶ family ▶ 컵 외곽선

- 꽃의 2면을 666, 444로 각각 체인s 하고 전체 외곽선을 310으로 아웃라인s 합니다. 이어서 잎의 2면을 새틴s 하고 마지막에 꽃의 위쪽 중앙에 점을 프렌치 노트s 합니다.
- 영문은 짧은 땀으로 촘촘히 백s 합니다.

◆ 빙그레 컵

수놓는 순서
입 ▶ 얼굴, 뾰족한 머리, 작은 원(blanc) ▶ 띠 ▶ 둥근 바탕면 ▶ 눈 ▶ 컵 외곽선

- 먼저 입을 수놓은 후, 외곽선의 모양을 따라 얼굴은 blanc, 띠는 3765로 각각 아웃라인s 합니다. 이어서 둥근 바탕면을 666으로 촘촘히 스플릿s 하고 마지막에 눈을 프렌치 노트s 합니다.

◆ 서울우유 컵

수놓는 순서
큰 마크 ▶ 작은 마크 ▶ 우유 ▶ 컵 외곽선

- 큰 마크를 둥글게 스플릿s 한 후, 간격을 두고 상단의 작은 마크를 아웃라인으로s 합니다. 그리고 큰 마크 위에 blanc으로 글자를 촘촘히 백s 합니다.

◆ 서주우유 컵

수놓는 순서
우유 ▶ 안쪽 면(blanc) ▶ 바깥쪽 면(702) ▶ milk ▶ 컵 외곽선

- 글자를 촘촘히 백s 한 후, 안쪽 면(blanc)과 바깥쪽 면(702) 순으로 바탕면을 아웃라인s 합니다. 그 위에 영문을 1획씩 스트레이트s 합니다.

◆ 썬몬드 컵

수놓는 순서
오렌지 ▶ 가지 ▶ 잎 ▶ 사각형 외곽선 ▶ 사각형 면 ▶ 컵 외곽선

- 오렌지를 외곽선에서 안쪽 방향으로 둥글게 체인s 한 후, 가지를 700 4가닥으로 스트레이트s 하고 잎을 아웃라인s 합니다. 사각형의 외곽선을 721로 아웃라인s 하고 면을 blanc으로 스플릿s 합니다.

한복 저고리

HANBOK JEOGORI

잔잔한 꽃 패턴이 매력적인 한복 저고리 자수입니다.
우리 한복의 단아한 선을 느끼며 차근차근 수놓아보세요.
솜을 채워 넣고 풍성한 수술을 달아 핀쿠션으로 만들어 활용해도 좋습니다. p.193~195

사용한 실 DMC 25번사 :
[분홍 꽃 저고리] 21, 151, 352, 353, 407, 603, 3347, 3354, 3364, blanc
[흰 꽃 저고리] 725, 741, 972, 3325, 3766, 3810, blanc
[보라 꽃 저고리] 31, 210, 211, 437, 553, 676, 704, 727, 745, blanc

사용한 기법 롱 앤드 쇼트s, 아웃트라인s, 체인s, 새틴s, 스트레이트s, 프렌치 노트s, 블랭킷s, 스플릿s, 리프s

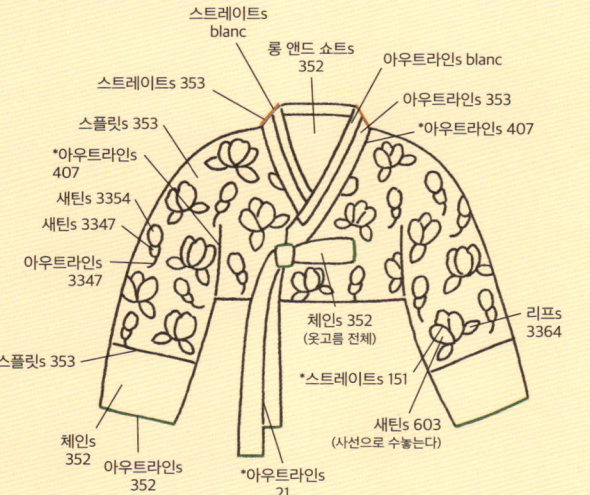

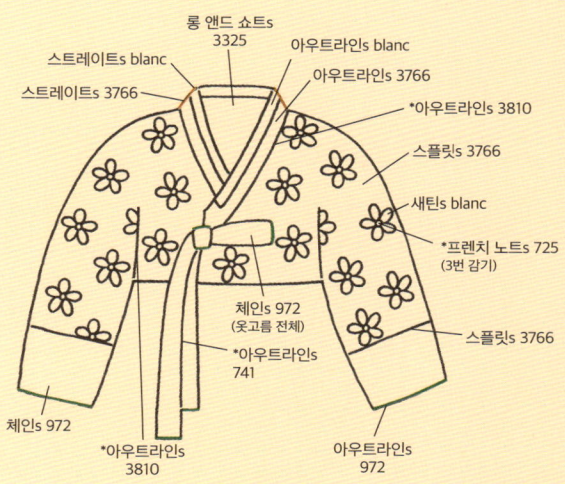

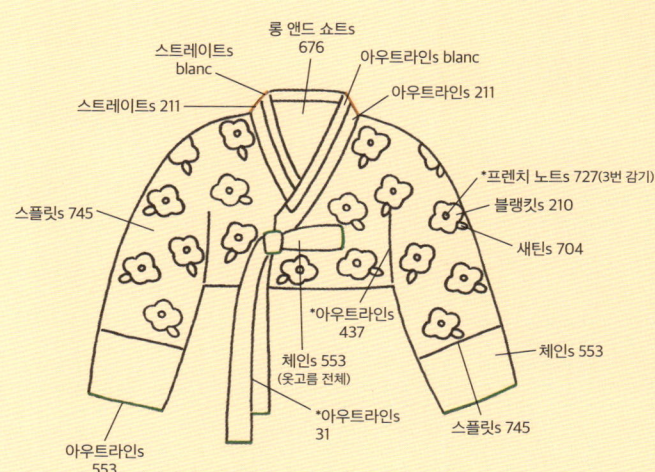

※ 70% 축소 도안(실제 크기 도안 p.206)
※ 지정 이외는 2가닥으로 수놓습니다.
※ * 표시가 있는 스티치는 바탕면을 먼저 채운 후, 그 위에 수놓습니다.

수놓기

수놓는 순서
꽃무늬 ▶
팔, 몸통 ▶
동정과 깃, 저고리 안쪽 면 ▶
깃의 아래쪽 외곽선, 팔 안쪽선 ▶
옷고름, 소매 ▶
옷고름 다리의 겹치는 선

- 저고리의 꽃무늬를 모두 수놓습니다.

  [분홍 꽃 저고리] 꽃잎(603)의 가운데 면은 일직선, 양옆 면은 사선으로 새틴s 합니다. 그 위에 꽃잎 경계선을 151로 스트레이트s 해서 면을 나누어주고 잎을 리프s 합니다. 이어서 꽃봉오리를 새틴s 하고 꽃받침과 줄기를 수놓습니다.

  [흰 꽃 저고리] 꽃잎(blanc)은 모두 새틴s 하고, 꽃술은 마지막에 프렌치 노트s 합니다.

  [보라 꽃 저고리] 꽃잎(210)의 외곽선을 따라 블랭킷s 하고 잎을 수놓습니다. 꽃술은 마지막에 프렌치 노트s 합니다.

- 팔과 몸통으로 나누어 저고리의 바탕면을 스플릿s 합니다.

- 목둘레의 동정(blanc)과 깃을 아우트라인s 한 후, 도안에 표시된 위쪽 짧은 외곽선만 각각 스트레이트s 하여 끝부분을 깔끔하게 정리합니다. 그리고 저고리의 안쪽 면을 롱 앤드 쇼트s 합니다.

- 깃의 아래쪽 긴 외곽선, 팔과 몸통 사이의 안쪽선을 아우트라인s 해서 면을 나누어줍니다.

- 옷고름과 소매는 체인s 하고 도안에 표시된 끝단의 외곽선만 아우트라인s 하여 깔끔하게 정리합니다. 이어서 옷고름 다리 부분의 겹치는 선을 아우트라인s 해서 면을 나누어줍니다.

빈티지 케이크

VINTAGE CAKES

알록달록한 색감과 아기자기한 느낌의 빈티지 케이크입니다.
크림을 다양한 모양으로 표현하는 재미가 있는 자수입니다.
완성한 자수의 둘레를 새틴 스티치로 마무리하여 와펜으로 만들어보세요. p.196

사용한 실 DMC 25번사 :
[생일 케이크] 151, 321, 334, 666, 745, 971, blanc
[체리 케이크] 321, 552, 725, 818, 913, 3733, blanc, ecru
[딸기 케이크] 31, 211, 321, 351, 437, 666, 727, 907, 971, 3810, 3824, blanc, ecru

사용한 기법 아우트라인s, 체인s, 스트레이트s, 새틴s, 블랭킷s, 불리온s, 스플릿s

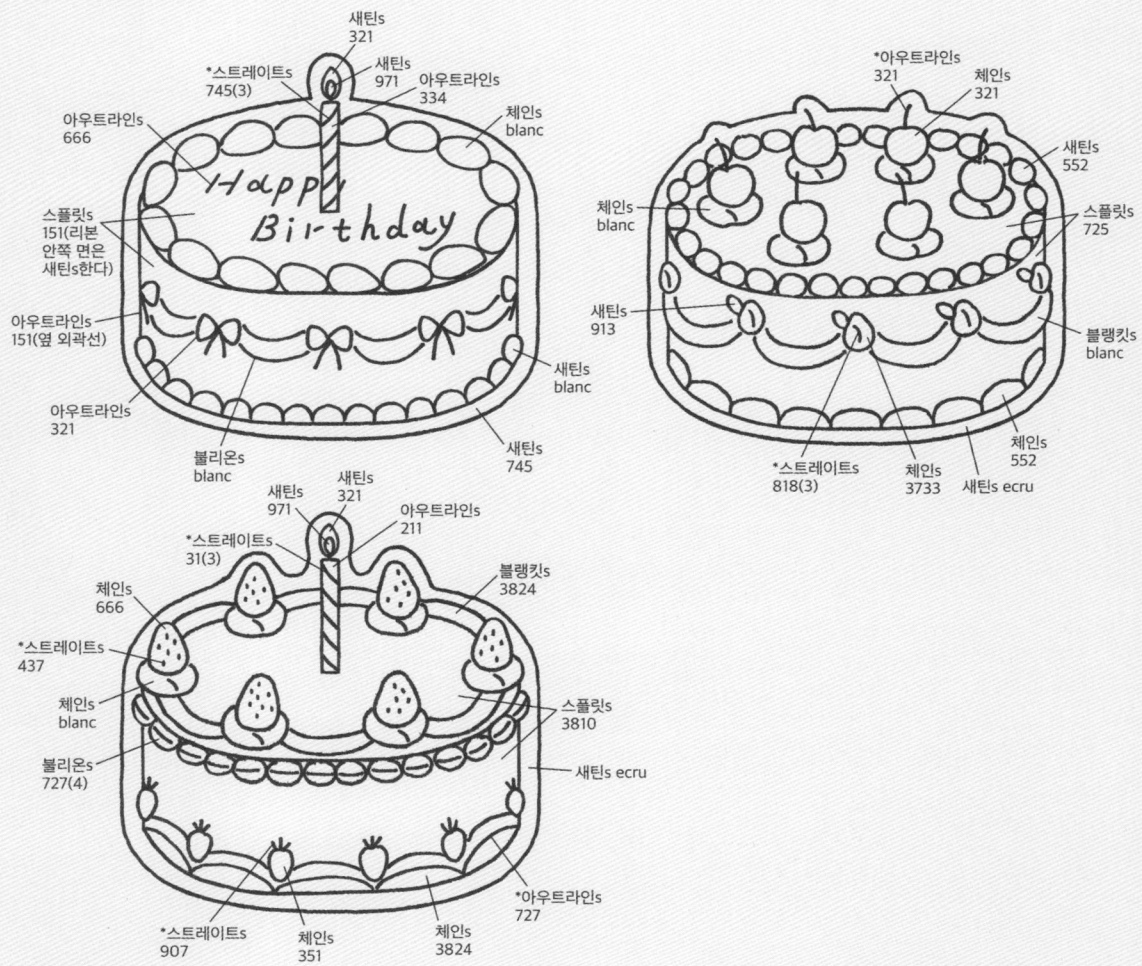

※ 지정 이외는 2가닥으로 수놓습니다.
※ * 표시가 있는 스티치는 바탕면을 먼저 채운 후, 그 위에 수놓습니다.

수놓기

- 둘레의 새틴s를 제외한 자수를 완성한 후 만드는 방법을 참고하여 마무리합니다. (p.196 참고)
- 케이크의 윗면과 옆면 순으로 수놓습니다.
- 초의 사선 줄무늬는 3가닥으로 스트레이트s 합니다.

◆ **생일 케이크**

수놓는 순서
초 ▶ 영문 ▶ 윗면 크림 ▶
윗면 바탕 ▶ 리본 ▶
리본 사이 크림 ▶
아래쪽 크림 ▶ 옆면 바탕

- 초를 수놓고 영문은 짧은 땀으로 촘촘히 아웃라인s 합니다. 이어서 둘레의 크림을 각각 체인s 하고 윗면의 바탕을 스플릿s 합니다.
- 리본의 외곽선을 수놓은 후, blanc으로 그 사이를 잇듯이 위아래로 2번씩 불리온s 합니다. 이때 아래쪽은 조금 더 길게 수놓습니다.
- 아래쪽 동그란 크림을 각각 새틴s 하고, 옆면의 바탕을 스플릿s 합니다. 이때 리본의 안쪽 면은 새틴s, 양옆 외곽선은 아웃라인s로 마무리합니다.

◆ **체리 케이크**

수놓는 순서
체리 열매 ▶ 체리 아래 크림 ▶
윗면 둘레 크림(552) ▶
윗면 바탕 ▶ 체리 꼭지 ▶
꽃 ▶ 아치형 크림 ▶
아래쪽 크림(552) ▶
옆면 바탕

- 체리의 열매를 수놓은 후, 그 아래 크림의 2면을 체인s 합니다. 이어서 윗면 둘레의 크림(552)을 새틴s 하고 윗면의 바탕을 채웁니다. 그 다음 체리 꼭지를 아웃라인s 합니다.
- 옆면의 꽃을 체인s 한 후, 818 3가닥으로 안쪽선을 스트레이트s 합니다. 이어서 잎을 수놓고 꽃 사이를 잇듯이 촘촘히 블랭킷s 합니다. 아래쪽 크림(552)을 수놓고 옆면의 바탕을 스플릿s 하여 마무리합니다.

◆ **딸기 케이크**

수놓는 순서
초 ▶ 딸기 ▶
딸기 아래 크림 ▶
윗면 둘레 크림(3824) ▶
윗면 바탕 ▶
옆면 위쪽 크림(727) ▶
딸기 모양 크림 ▶
아래쪽 크림(3824, 727) ▶
옆면 바탕

- 초를 수놓은 후, 딸기의 면을 체인s 하고 그 위에 씨를 짧게 수놓습니다. 이때 체인s 사이의 빈틈에 수놓으면 씨가 묻힐 수도 있기 때문에 체인s 위에 걸쳐서 수놓습니다.
- 딸기 아래의 크림은 2면을 각각 체인s 합니다. 그 사이를 잇듯이 둘레의 크림을 블랭킷s 하고 윗면의 바탕을 채웁니다.
- 옆면 위쪽의 크림(727)을 윗면의 아래에 붙여 수놓습니다. 위아래로 짧게 2번씩 불리온s 합니다.
- 아래쪽에 딸기 모양의 작은 크림을 수놓은 후, 그 사이를 빈틈없이 아치 모양으로 체인s 합니다. 그 위에 727로 가운데 선을 아웃라인s 합니다.

빈티지 통조림

VINTAGE CANS

딸기, 레몬, 오렌지, 복숭아 4가지 과일 통조림 도안입니다.
과일의 알록달록한 색감과 영문 서체가 어우러져 빈티지한 분위기를 더해주는 자수입니다.
액자로 만들어 인테리어 소품으로 활용해도 좋습니다.

사용한 실 DMC 25번사 :
[딸기 통조림] 03, 04, 321, 413, 415, 666, 700, 727, 909, 932, 3856, blanc
[레몬 통조림] 03, 312, 351, 413, 415, 444, 727, 745, 913, 971, 972, 3347, 3814, blanc
[오렌지 통조림] 03, 04, 353, 413, 415, 552, 702, 741, 745, 972, 3766, ecru, blanc
[복숭아 통조림] 03, 169, 413, 415, 505, 745, 760, 761, 967, 972, 3712, 3765, 3731, 3826, blanc

사용한 기법 아우트라인s, 체인s, 스플릿s, 스트레이트s, 새틴s, 리프s, 프렌치 노트s

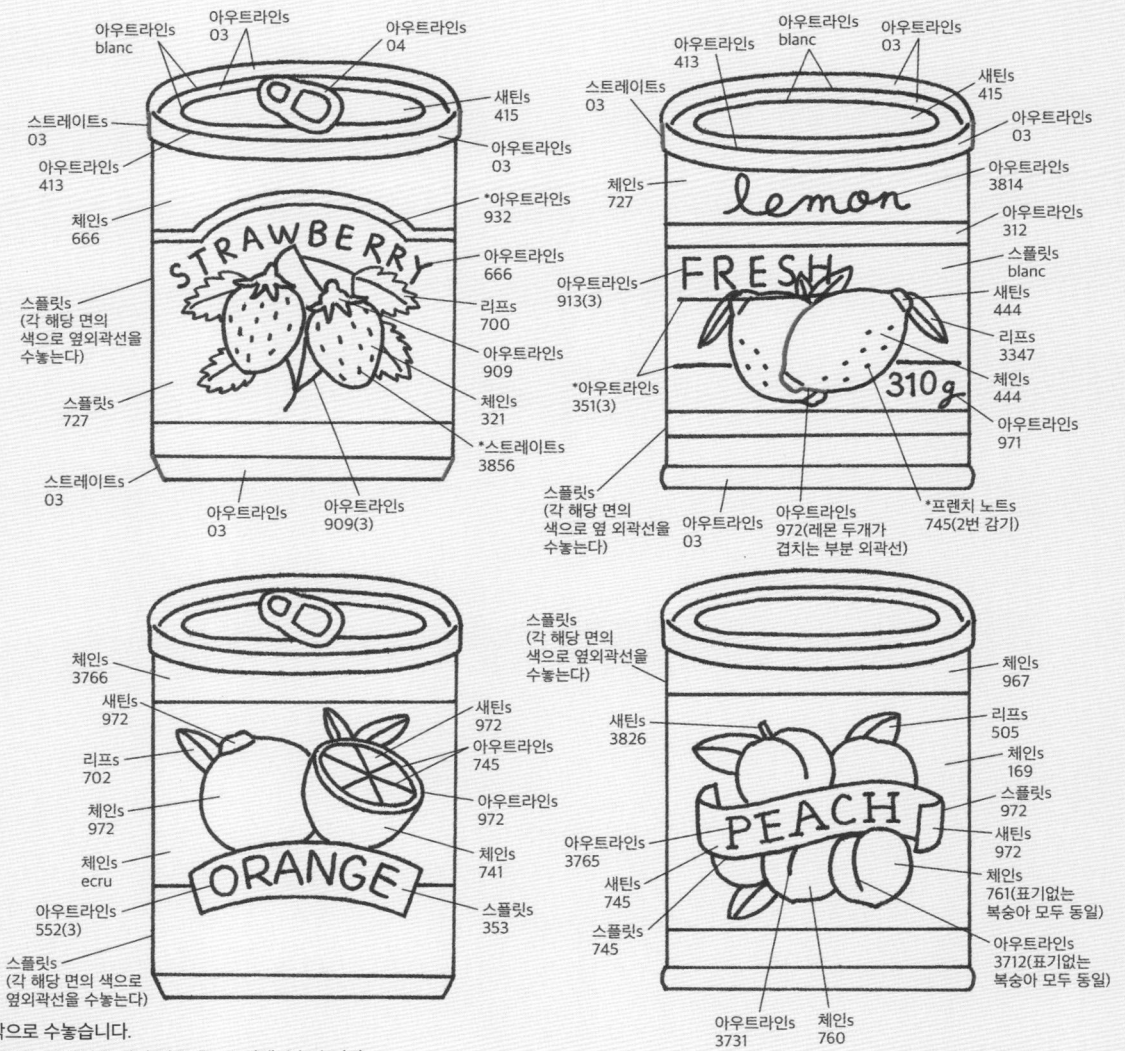

※ 지정 이외는 2가닥으로 수놓습니다.
※ * 표시가 있는 스티치는 바탕면을 먼저 채운 후, 그 위에 수놓습니다.

수놓기

수놓는 순서
라벨 ▶ 몸체 위아래 바탕면 ▶ 윗면 ▶ 바닥면

- 라벨을 수놓은 후, 몸체의 위아래 바탕면을 체인s 합니다. 이어서 양옆 외곽선을 각 해당 면의 색으로 스플릿s 합니다.
- 윗면은 먼저 가장 바깥쪽 둘레를 03으로 아웃라인s 하고 양옆 짧은 외곽선만 스트레이트s 합니다. 이어서 고리를 04로 아웃라인s 하고 안쪽 면을 채웁니다.
- 바닥면을 아웃라인s 하고 양옆 짧은 외곽선을 스트레이트s 합니다.

◆ 딸기 통조림

수놓는 순서
딸기 꼭지 ▶ 딸기 ▶ 줄기, 잎 ▶ 영문 ▶ 라벨 바탕면

- 딸기 꼭지를 수놓은 후, 그 아래에 빈 틈없이 딸기를 체인s 합니다. 이어서 딸기 씨를 스트레이트s 합니다. 이때 체인s 사이의 빈틈에 수놓으면 씨가 묻힐 수 있기 때문에 체인s 위에 수놓습니다.
- 줄기를 909 3가닥으로 아웃라인s 하고 잎은 700으로 리프s 합니다.
- 영문을 짧은 땀으로 아웃라인s 하고 라벨 바탕면을 727로 스플릿s 합니다. 그 위에 932로 상단의 안쪽선을 아웃라인s 합니다.

◆ 레몬 통조림

수놓는 순서
레몬 2개의 바탕면 ▶ 레몬이 겹치는 외곽선 ▶ 잎 ▶ 영문, 숫자 ▶ 라벨 바탕면 ▶ 영문 밑줄, 레몬 뒤쪽 선(351) ▶ 라벨 위아래의 얇은 면(312)

- 레몬을 각각 체인s 하고 꼭지 부분은 새틴s 합니다. 그 위에 도안에 표시된 레몬이 겹치는 외곽선을 972로 수놓아 면을 나누어줍니다. 잎을 리프s 하고 프렌치 노트s는 가장 마지막에 수놓습니다.
- 영문과 숫자를 짧은 땀으로 아웃라인s 한 후, 라벨의 바탕면을 수놓습니다. 그 위에 351 3가닥으로 선을 아웃라인s 하고 라벨 위아래의 얇은 면(312)을 수놓습니다.
- 몸체 상단의 영문 필기체를 아웃라인s 한 후, 바탕면을 수놓습니다.

◆ 오렌지 통조림

수놓는 순서
오렌지, 오렌지 단면 ▶ 잎 ▶ 영문 ▶ 리본 ▶ 라벨 바탕면

- 왼쪽 오렌지를 체인s 하고 꼭지는 새틴s 합니다. 오렌지 단면은 745로 아웃라인s 하여 조각을 나누고 각 면을 972로 새틴s 합니다. 이어서 잎을 리프s 합니다.
- 영문을 552 3가닥으로 촘촘히 아웃라인s 하고 리본을 스플릿s 합니다. 이어서 라벨의 바탕면을 수놓습니다.

◆ 복숭아 통조림

수놓는 순서
복숭아 ▶ 가지, 잎 ▶ 영문, 리본 ▶ 라벨 바탕면

- 복숭아는 760, 761 2가지 색으로 구분하여 체인s 하고 그 위에 안쪽선을 3731, 3712로 각각 아웃라인s 해서 형태를 잡아줍니다. 이어서 가지와 잎을 수놓습니다.
- 영문을 짧은 땀으로 아웃라인s 합니다. 이어서 리본의 외곽선을 스플릿s 한 후, 면을 세로로 새틴s 합니다. 리본 뒷면(972)도 같은 순서로 수놓고 라벨의 바탕면을 체인s 합니다.

게임기

살짝 푸른빛이 감도는 작은 화면과 깨진 알 모양의 다마고치까지,
추억을 자극하는 클래식한 휴대용 게임기 자수입니다.
와펜이나 브로치로 만들어 귀엽게 활용해보세요.. p.192

사용한 실 DMC 25번사 :
[휴대용 게임기] 04, 413, 414, 415, 470, 762, 3350, 3799
[게임 조종기] 04, 168, 169, 310, 312, 413, 444, 666, 700, 3799
[다마고치] 321, 745, 818, 913, 3364, 3733, 3799, blanc

사용한 기법 아우트라인s, 체인s, 스플릿s, 스트레이트s, 새틴s

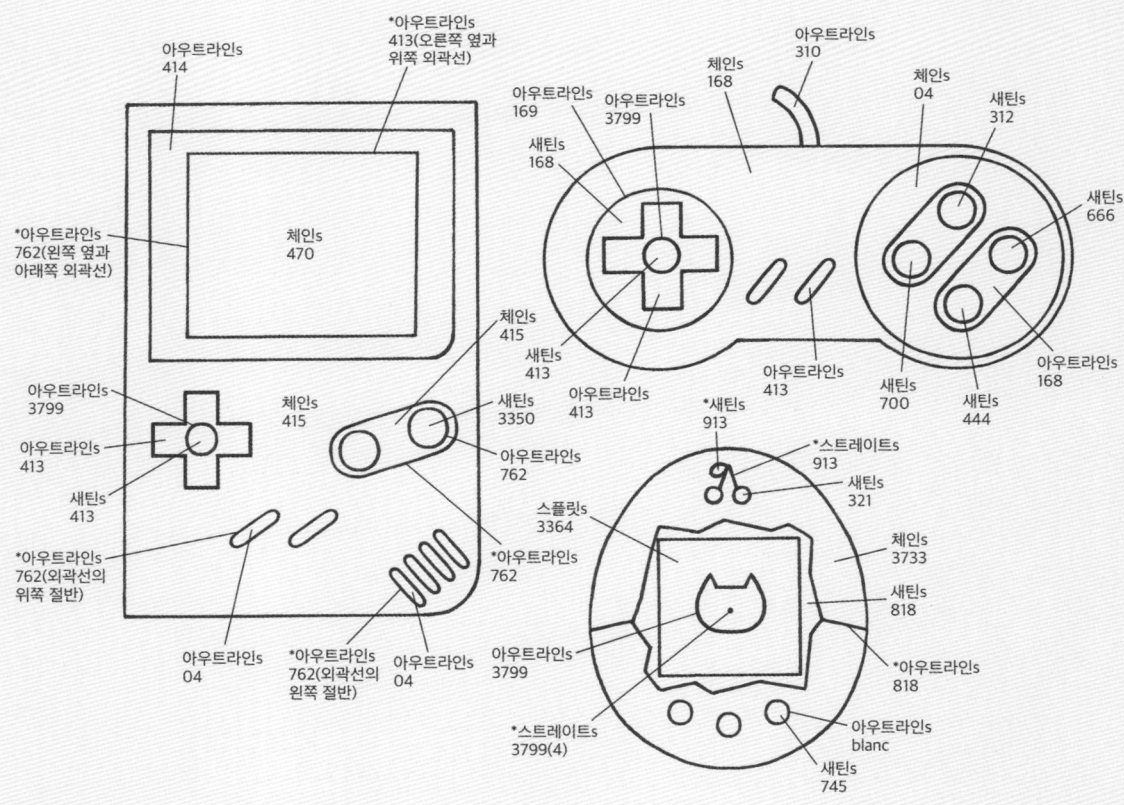

※ 지정 이외는 2가닥으로 수놓습니다.
※ * 표시가 있는 스티치는 바탕면을 먼저 채운 후, 그 위에 수놓습니다.

수놓기

◆ **휴대용 게임기**

수놓는 순서
화면 ▶
화면 둘레면 ▶
화면 외곽선 ▶
버튼, 스피커 ▶
게임기 몸체 ▶
버튼 외곽선

- 화면과 그 둘레의 면을 수놓고, 그 위에 화면의 외곽선을 2가지 색으로 각각 아우트라인s 해서 입체적인 모양을 표현합니다. 762로 왼쪽 옆과 아래쪽 외곽선(ㄴ모양), 413으로 오른쪽 옆과 위쪽 외곽선(ㄱ모양)을 수놓습니다.

- 십자 버튼은 원을 새틴s 한 후, 외곽선을 3799로 아우트라인s 합니다. 이어서 버튼의 외곽선을 아우트라인s 하고 면을 채웁니다. 둥근 버튼은 면, 외곽선 순으로 수놓고, 얇은 버튼과 스피커는 아우트라인s 합니다

- 게임기 몸체의 외곽선을 415로 체인s 한 후, 면을 채웁니다. 그 위에 둥근 버튼의 타원형 외곽선을 아우트라인s 합니다. 이어서 얇은 버튼과 스피커의 외곽선을 절반만 아우트라인s 해서 입체적인 모양을 표현합니다.

◆ **게임 조종기**

수놓는 순서
십자 버튼 ▶
십자 버튼 둘레 ▶
둥근면 ▶
얇은 버튼 ▶
둥근 버튼 ▶
타원형 면 ▶
큰 둥근면 ▶
조종기 몸체 ▶
전선

- 십자 버튼의 작은 원을 새틴s 한 후, 외곽선을 아우트라인s 합니다. 이어서 버튼의 외곽선을 수놓고 면을 채웁니다. 버튼 둘레의 둥근면을 가로로 새틴s 하고 외곽선을 169로 아우트라인s 합니다.

- 얇은 버튼을 413으로 수놓고 둥근 버튼을 각각 새틴s 합니다. 이어서 버튼 둘레의 타원형 면을 168로 아우트라인s 한 후, 큰 둥근면을 04로 체인s 합니다.

- 조종기 외곽선의 모양을 따라 몸체를 체인s 한 후, 전선을 아우트라인s 하여 마무리합니다.

◆ **다마고치**

수놓는 순서
고양이 얼굴 외곽선 ▶
화면 ▶
고양이 코 ▶
화면 둘레의 깨진 면 ▶
버튼, 체리 열매 ▶
게임기 몸체 ▶
체리의 가지, 잎, 게임기 중간 경계선

- 고양이의 얼굴 외곽선을 아우트라인s 한 후, 화면과 고양이 얼굴 면을 3364로 스플릿s 합니다. 그 위에 3799 4가닥으로 고양이의 코를 짧게 스트레이트s 합니다. 이어서 화면 둘레에 깨진 모양의 면을 새틴s 합니다.

- 동그란 버튼과 체리 열매를 수놓은 뒤 게임기의 몸체를 둥글게 체인s 합니다. 이때 깨진 면의 끝이 보이지 않도록 빈틈없이 수놓습니다. 그 위에 체리의 가지와 잎, 게임기의 양쪽 경계선(818)을 수놓습니다.

문방구 불량식품

14

MOON-BANGGU SNACKS

맛있는 간식들이 넘쳐나지만
가끔은 학교 앞 문방구에서 팔던 불량식품이 그리워 일부러 찾기도 하지요.
어릴 적 추억을 떠올리며 수놓아 냉장고 마그넷, 브로치로도 다양하게 활용해보세요. p.192

사용한 실   DMC 25번사 :
[밭두렁] 310, 444, 700, 701, 725, 938, 3776, blanc
[콜라 젤리] 221, 301, 318, 321, 444, 437, 666, 3799, blanc
[아폴로] 310, 321, 666, 761, 3712, 3799, blanc
[포도맛 피져] 168, 210, 444, 552
[신호등 사탕] 03, 310, 321, 444, 518, 603, 666, 704, blanc
[맥주 사탕] 725, 727, blanc

사용한 기법   아우트라인s, 체인s, 스플릿s, 새틴s, 스트레이트s, 백s, 프렌치 노트s

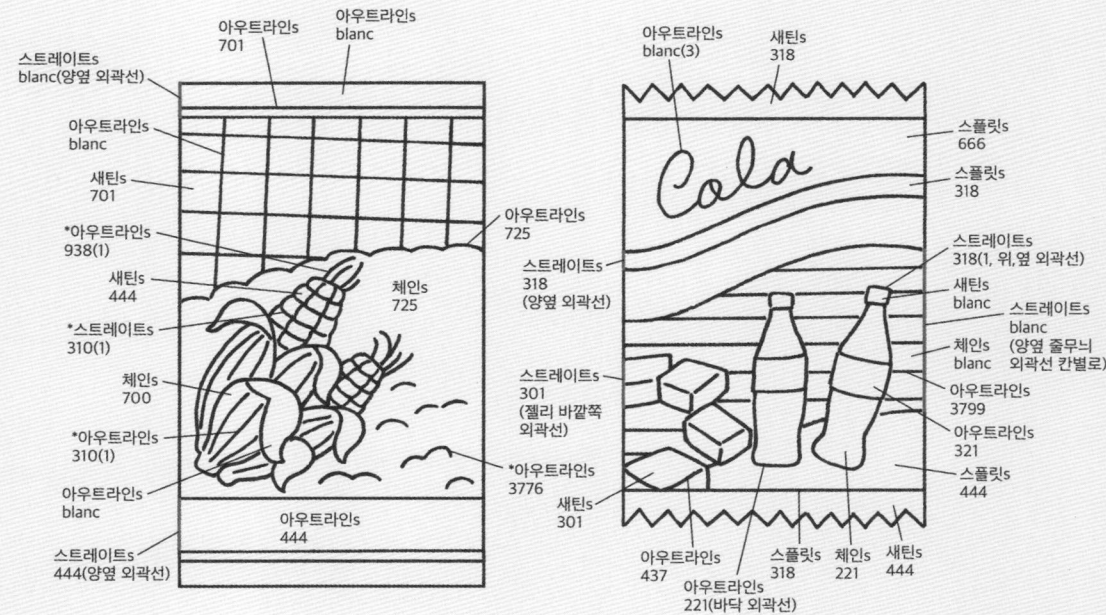

※ 지정 이외는 2가닥으로 수놓습니다.
※ * 표시가 있는 스티치는 바탕면을 먼저 채운 후, 그 위에 수놓습니다.

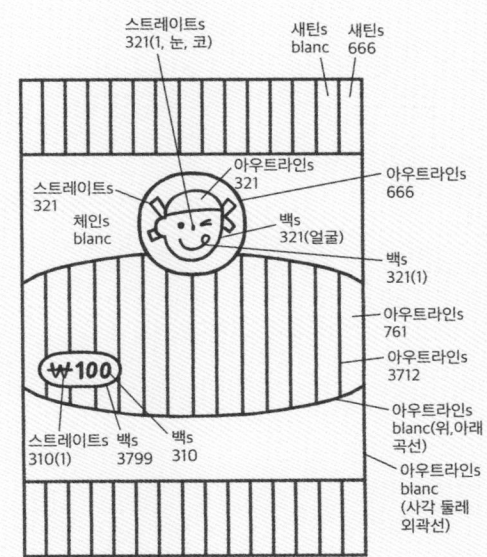
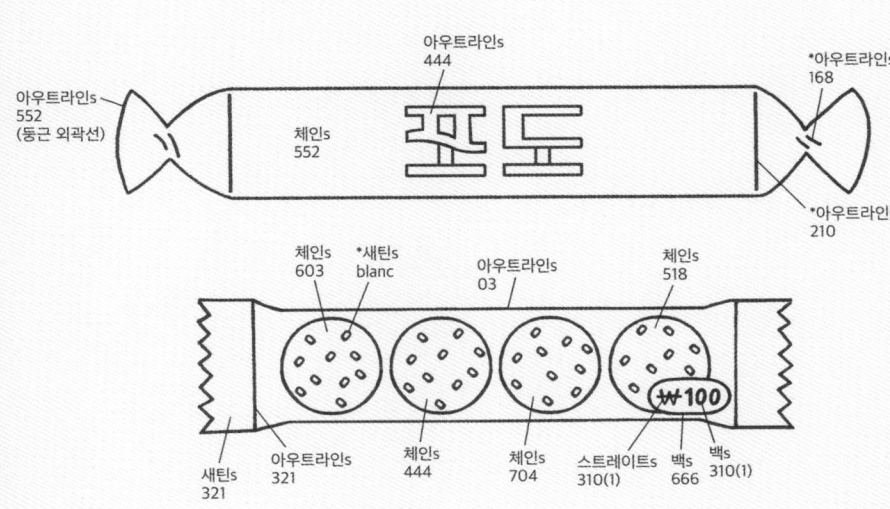
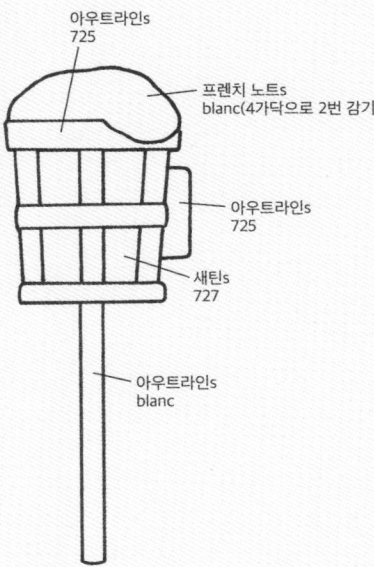

수놓기

◆ 밭두렁

수놓는 순서
옥수수알 ▶
옥수수알 외곽선 ▶
잎 ▶ 잎맥 ▶
포장지 중심의
바탕면 ▶
옥수수수염, 곡선
(3776) ▶
격자무늬 외곽선 ▶
격자무늬 면 ▶
옥수수 아랫면(444) ▶
위, 아래의
밀봉된 면(blanc)

- 옥수수알을 각각 새틴s 한 후, 310 1가닥으로 외곽선을 칸별로 스트레이트s 합니다. 이어서 잎의 안쪽 면과 바깥쪽 면을 각각 수놓고 그 위에 잎맥을 310 1가닥으로 아우트라인s 합니다.
- 포장지 중심의 바탕면(725)을 세로로 체인s 하고 위쪽의 볼록볼록한 외곽선을 아우트라인s 합니다. 그 위에 3776으로 짧은 곡선들을 수놓고 938 1가닥으로 옥수수수염을 아우트라인s 합니다.
- 포장지 위쪽의 격자무늬 외곽선을 아우트라인s 한 후, 각 면을 꼼꼼히 새틴s 합니다.
- 포장지의 하단의 면(444)과 위, 아래의 밀봉된 면(blanc) 순으로 아우트라인s 합니다. 그리고 양옆 외곽선을 각각 스트레이트s 합니다.

◆ 콜라 젤리

수놓는 순서
콜라 ▶ 젤리 ▶
콜라 아랫면(444) ▶
줄무늬 ▶
영문 필기체 ▶
곡선 면(666, 318) ▶
위아래 뾰족뾰족한 면

- 콜라의 라벨과 몸통을 수놓고 바닥의 외곽선만 아우트라인s 합니다. 뚜껑은 새틴s 하고 318 1가닥으로 위쪽과 양옆 외곽선을 스트레이트s 합니다.
- 젤리의 안쪽선을 437로 아우트라인s 한 후, 각 면을 수놓습니다. 그리고 도안에 표시된 포장지 외곽선과 겹친 부분만 스트레이트s 합니다. 이어서 콜라 아래쪽 면(444)을 수놓습니다.
- 줄무늬의 선을 3799로 아우트라인s 하고 면을 blanc으로 체인s 합니다. 그리고 줄무늬의 양옆 외곽선을 칸별로 스트레이트s 합니다.
- 영문 필기체를 blanc 3가닥으로 촘촘히 아우트라인s 한 후, 곡선의 바탕면을 각각 스플릿s 합니다. 이때 얇은 면(318)의 양옆 외곽선만 스트레이트s 합니다. 이어서 위아래의 뾰족뾰족한 면을 꼼꼼히 새틴s 하고 마무리합니다.

◆ **아폴로**

수놓는 순서
얼굴 ▶ 가격표시 ▶
과자 ▶
포장지 바탕면 ▶
위아래 줄무늬

- 얼굴의 외곽선, 머리, 리본, 눈, 코, 입 순으로 촘촘히 수놓은 후, 둘레의 둥근 외곽선을 아웃라인s 합니다. 이어서 가격표시를 수놓습니다.
- 과자의 외곽선을 3712로 가지런히 아웃라인s 하고 면을 761로 채웁니다.
- 포장지 사각 외곽선과 과자의 위아래 곡선을 blanc으로 아웃라인s 합니다. 그리고 포장지의 바탕면을 체인s 합니다.
- 줄무늬를 2가지 색으로 번갈아가며 새틴s 합니다. 이때 높이를 일정하게 수놓는 것이 중요합니다.

◆ **포도맛 피져**

수놓는 순서
글자 ▶ 몸체 ▶
안쪽선, 주름

- 글자를 짧은 땀으로 아웃라인s 합니다. 이어서 전체 몸체를 체인s 한 후, 양끝에 둥근 외곽선만 아웃라인s 해서 깔끔하게 정리합니다. 그 위에 안쪽선은 210, 주름은 168로 아웃라인s 하여 완성합니다.

◆ **맥주 사탕**

수놓는 순서
맥주잔 ▶
막대기 ▶
거품

- 맥주잔의 바깥쪽 면과 손잡이를 아웃라인s 한 후, 안쪽 면을 새틴s 합니다. 이어서 막대기를 수놓습니다.
- 거품을 blanc 4가닥으로 2번 감아 프렌치 노트s 합니다. 외곽선을 따라 수놓고 면을 촘촘히 채웁니다.

◆ **신호등 사탕**

수놓는 순서
사탕 ▶
가격표시 ▶
포장지 외곽선 ▶
뾰족한 면

- 사탕을 동그랗게 체인s 한 후, 그 위에 설탕 알갱이를 자유롭게 새틴s 합니다. 그리고 가격표시를 짧은 땀으로 수놓습니다.
- 포장지 몸통의 외곽선을 수놓습니다. 이어서 뾰족한 면의 안쪽 직선을 아웃라인s 한 후, 면을 새틴s 합니다.

어린 시절

몸집보다 더 컸던 빨간 책가방, 네모 칸 일기장, 딱지, 운동회 때마다 나눠주던 '상' 마크가 찍힌 공책, 문방구 앞 뽑기, 쪼그려 앉아 친구와 나눠먹던 달고나.
어린 시절을 떠올리며 그때 그 추억을 수놓아보세요. p.192

사용한 실 DMC 25번사 :
[책가방] 168, 321, 349, 415, 726, blanc
[일기장] 03, 310, 347, 413, 437, 702, 721, 803, 3712, 3799, blanc
[딱지] 04, 413, 415, 666, 725, 817, 959, 3765, blanc
[상] 792
[뽑기] 03, 04, 168, 221, 317, 321, 444, 603, 666, 959, 3766, 3825, blanc
[달고나] 04, 435, 437, 783, 3826

사용한 기법 아우트라인s, 체인s, 스트레이트s, 새틴s, 백s, 더블 레이지데이지s

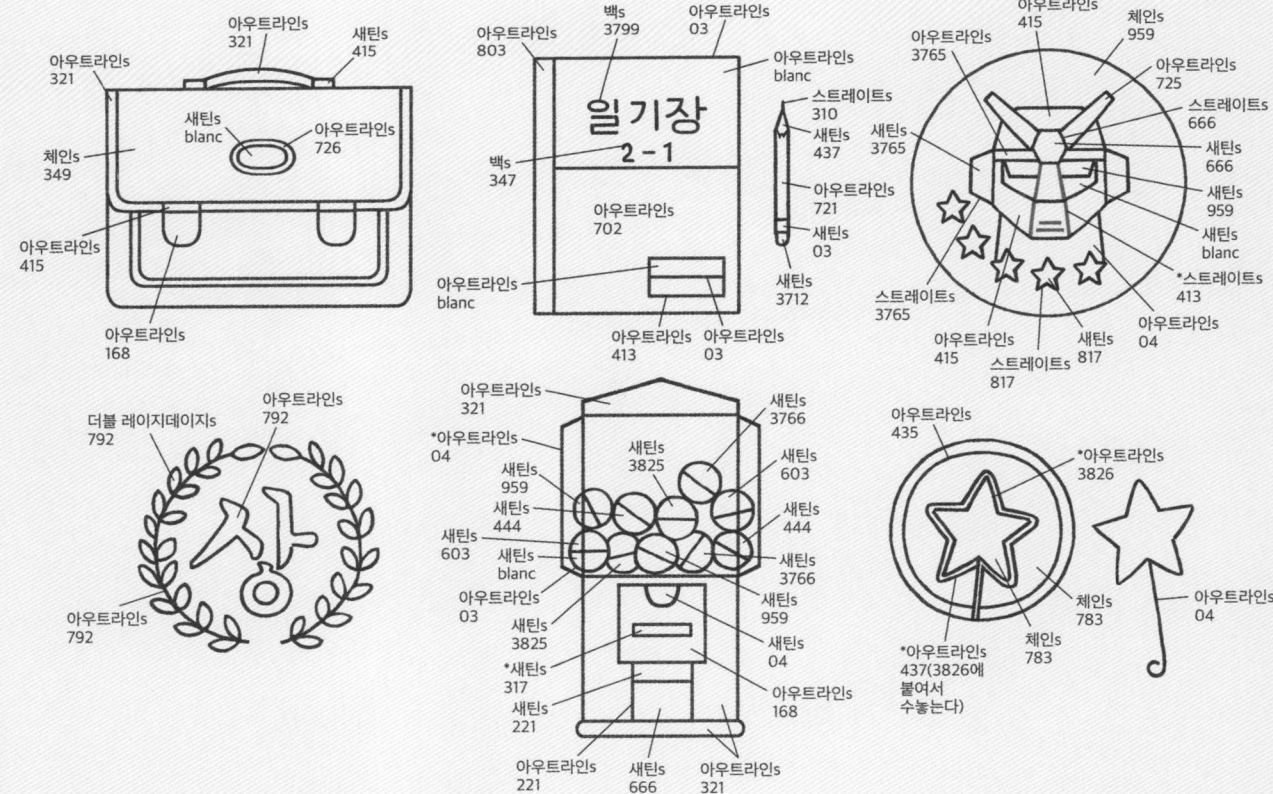

※ 지정 이외는 2가닥으로 수놓습니다.
※ * 표시가 있는 스티치는 바탕면을 먼저 채운 후, 그 위에 수놓습니다.

수놓기

◆ 책가방

수놓는 순서
패치 ▶
가방뚜껑 바탕면 ▶
버클 ▶
가방뚜껑 테두리면 ▶
가방 몸체 바탕면 ▶
손잡이

- 패치를 수놓은 후, 가방 뚜껑의 바탕면을 349로 체인s 합니다. 이어서 버클을 수놓고 가방 뚜껑의 테두리면을 321로 아웃라인s 합니다. 그리고 가방 몸체와 손잡이를 각각 수놓고 마무리합니다.

◆ 딱지

수놓는 순서
로봇 투구 ▶ 얼굴 ▶
별 ▶ 딱지 바탕면

- 투구의 V모양 장식을 먼저 수놓고 머리, 턱, 목을 각각 아웃라인 한 후, 귀를 새틴s 합니다. 이어서 눈, 얼굴 면 순으로 새틴s 하고 그 위에 도안에 표시된 안쪽선을 413으로 스트레이트s 해서 각진 모양을 표현합니다.
- 별은 외곽선을 1획씩 스트레이트s 한 후, 중앙에서부터 1구간씩 새틴s 합니다. 마지막으로 딱지의 바탕면을 둥글게 체인s 하여 완성합니다.

◆ 뽑기

수놓는 순서
기계 뚜껑 ▶ 캡슐 ▶
위쪽 몸체 외곽선 ▶
레버 부분 ▶
캡슐 출구 부분 ▶
아래쪽 몸체, 받침대

- 뽑기의 뚜껑과 캡슐을 수놓습니다. 캡슐 뚜껑은 다양한 색으로 새틴s 하고 절반은 03으로 외곽선을 아웃라인s 한 후, blanc으로 면을 새틴s 합니다. 그 다음 위쪽 몸체의 외곽선을 수놓습니다.
- 레버 둘레의 사각 면을 168로 아웃라인s하고 위쪽의 반원을 새틴s 합니다. 레버는 317로 새틴s 합니다.
- 캡슐 출구 부분의 양옆 외곽선을 221로 아웃라인s 한 후, 위쪽 면은 221, 아래쪽 면은 666으로 새틴s 합니다. 그리고 뽑기의 아래쪽 몸체와 받침대를 321로 아웃라인s 합니다.

◆ 일기장

수놓는 순서
글자, 숫자 ▶
이름 칸 ▶
공책 바탕면 ▶
연필

- 글자와 숫자를 짧은 땀으로 백s 하고 아래쪽의 이름 적는 칸을 아웃라인s 합니다. 이어서 공책의 두 바탕면을 각각 아웃라인s 하고 803으로 왼쪽 면을 길게 수놓습니다.
- 연필은 나무부분부터 지우개까지 순서대로 수놓은 후, 마지막에 심을 짧게 스트레이트s 합니다.

◆ 상

수놓는 순서
글자 ▶ 줄기 ▶ 잎

- 모두 792 1가지 색으로 수놓습니다. 먼저 글자의 외곽선을 아웃라인s 하고 면을 채웁니다. 그리고 월계수의 줄기를 아웃라인s 한 후, 잎을 더블레이지데이지s 합니다.

◆ 달고나

수놓는 순서
달고나 별 모양 ▶
달고나 바탕면 ▶
별 모양 외곽선 ▶
달고나 틀

- 달고나의 별 중앙에서부터 1구간씩 체인s 합니다. 달고나의 바탕면을 둥글게 체인s 하고 가장자리 선을 435로 아웃라인 한 후, 테두리면을 783으로 체인s 합니다. 그 위에 별의 외곽선을 2가지 색으로 각각 아웃라인s 합니다. 마무리로 달고나 틀을 아웃라인s 합니다.

레트로 키친

RETRO KITCHEN

주방에서 사용하는 컵, 접시, 주전자, 보온병에 빈티지한 느낌의 포인트 패턴을 수놓았습니다.
특히 빨간 체크 패턴의 보온병은 레트로 감성을 더해 향수를 불러일으킵니다.

사용한 실 DMC 25번사 :
[컵] 301, 444, 470, 676, 741
[접시] 435, 519, 721, 726, 905, ecru
[주전자] 415, 434, 444, 554, 699, 702, 721, 725, 744, 783, 3347, ecru
[보온병] 347, 349, 437, 726, 938

사용한 기법 아우트라인s, 체인s, 스플릿s, 새틴s

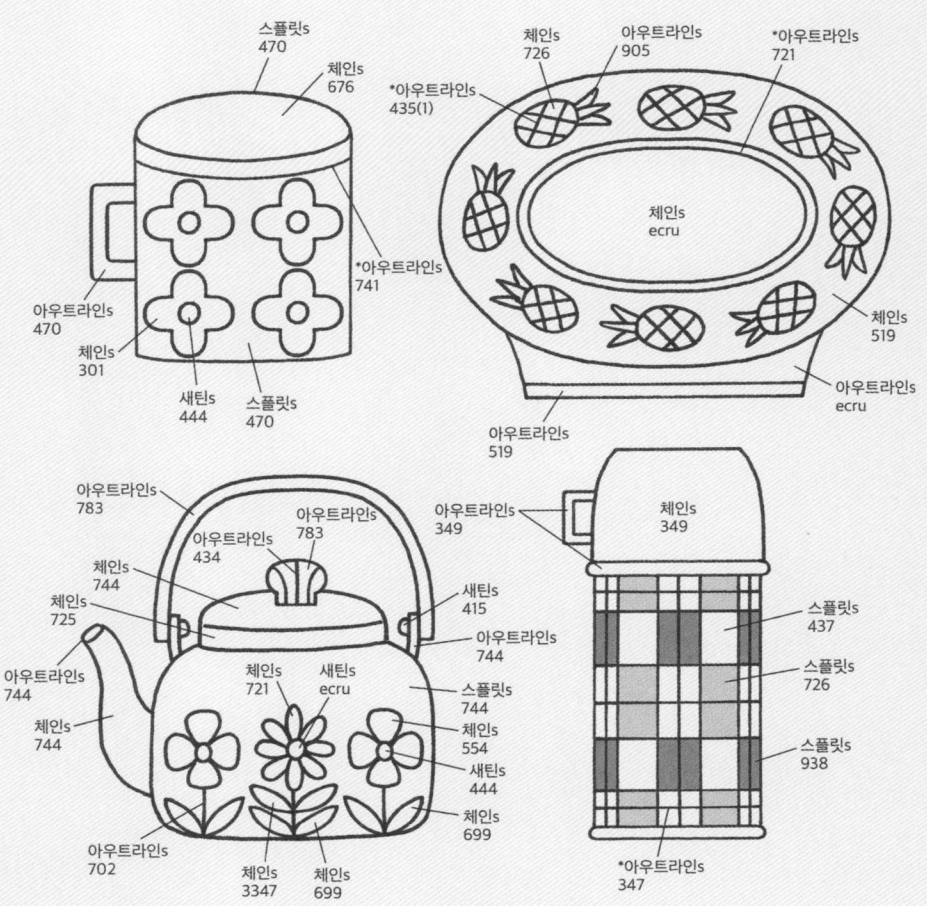

※ 지정 이외는 2가닥으로 수놓습니다.
※ * 표시가 있는 스티치는 바탕면을 먼저 채운 후, 그 위에 수놓습니다.

수놓기

◆ 컵

수놓는 순서
꽃무늬 ▶ 컵 몸체 ▶
손잡이 ▶ 컵 안쪽 면

- 꽃술을 먼저 새틴s 한 후, 꽃잎을 체인s 합니다. 이어서 컵 입구의 외곽선을 470으로 스플릿s 하고 몸체를 수놓습니다. 그 위에 컵 상단의 선을 741로 아우트라인s 합니다. 마지막으로 손잡이와 컵 안쪽 면을 각각 아우트라인s, 체인s 합니다.

◆ 접시

수놓는 순서
접시 가운데 면 ▶
파인애플 무늬 ▶
접시 둘레면 ▶
접시 바닥면

- 접시의 가운데 면을 둥글게 체인s 한 후, 그 위에 721로 포인트 선을 아우트라인s 합니다.
- 파인애플은 먼저 타원형 면을 체인s 하고 그 위에 체크무늬를 435 1가닥으로 아우트라인s 합니다. 이어서 잎을 수놓은 후, 접시 둘레 면을 체인s 합니다. 그리고 접시의 바닥 면을 각각 아우트라인s 하여 마무리합니다.

◆ 주전자

수놓는 순서
꽃술 ▶ 꽃잎 ▶
줄기, 잎 ▶
주전자 몸체 ▶
주둥이 ▶
뚜껑 손잡이 ▶
뚜껑 ▶ 나사 부분 ▶
손잡이

- 꽃술을 먼저 새틴s 한 후, 꽃잎을 체인s 합니다. 이어서 줄기를 수놓고 잎을 체인s 합니다.
- 주전자 몸체의 외곽선을 744로 스플릿s 하고 바탕면을 꼼꼼히 채웁니다. 그리고 주둥이를 체인s 한 후, 입구 부분 외곽선만 아우트라인s 합니다.
- 뚜껑 손잡이는 외곽선을 아우트라인s 한 후, 434로 나뭇결을 수놓고 783으로 면을 채웁니다. 그리고 뚜껑의 윗면과 옆면을 각각 체인s 합니다.
- 나사를 새틴s 하고 그 위치와 겹치도록 주전자 손잡이를 아우트라인s 합니다.

◆ 보온병

수놓는 순서
뚜껑 ▶
체크 패턴의 각 면 ▶
체크 패턴의 교차선 ▶
바닥 면

- 뚜껑의 외곽선을 체인s 한 후, 면을 채웁니다. 이어서 아래쪽 얇은 면과 손잡이를 아우트라인s 합니다.
- 체크 패턴의 각 면을 자수 사진을 참고하여 437, 726, 938로 위에서 아래로 차근차근 스플릿s 합니다. 이때 각 면의 높이를 똑같이 맞추어야 깔끔한 모양의 체크가 됩니다. 그 위에 교차선을 347로 아우트라인s 하여 체크 패턴을 완성합니다. 마지막으로 보온병의 바닥 면을 아우트라인s 합니다.

올드카

각진 자동차, 둥근 자동차, 오픈 스포츠카. 세 가지 모양의 올드카 자수입니다.
타이틀을 필기체로 두껍게 수놓아 레트로 느낌의 패브릭 포스터로 만들어 장식해보세요.

사용한 실　DMC 25번사 :
　　　　　　[빨간색 차] 03, 310, 317, 762, 817, blanc
　　　　　　[하늘색 차] 03, 310, 317, 334, 444, 762, 3325, blanc
　　　　　　[핑크색 스포츠카] 03, 04, 151, 310, 317, 518, 762, 803, 893, 894, blanc
　　　　　　[영문 필기체] 318, 826

사용한 기법　아우트라인s, 체인s, 스트레이트s, 새틴s

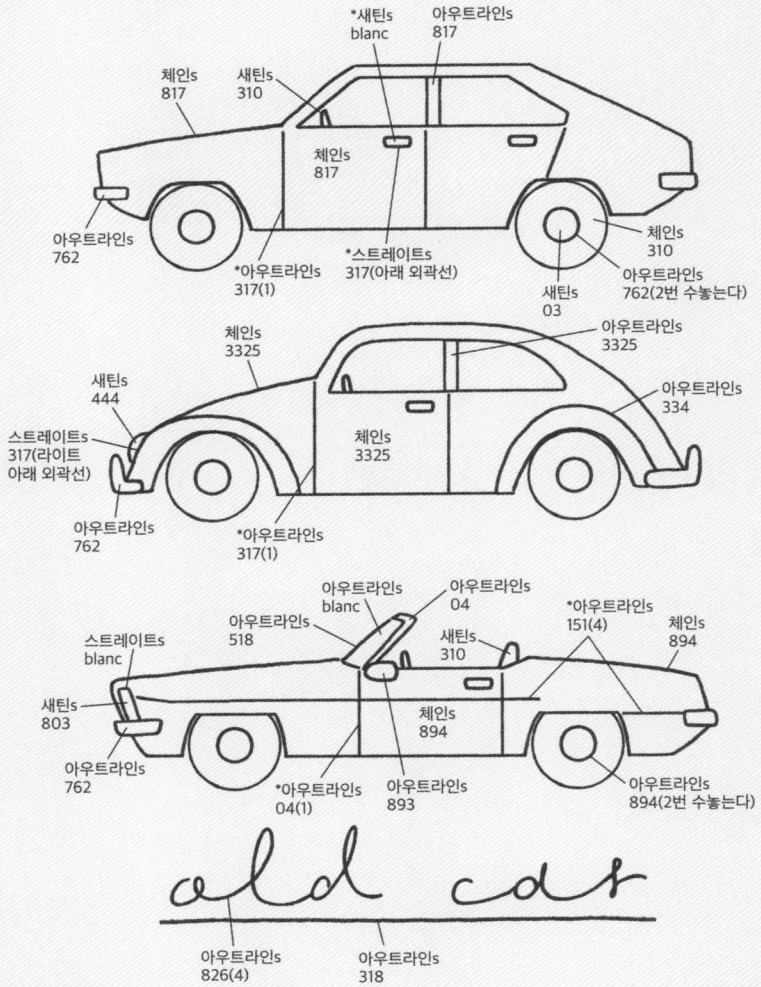

※　지정 이외는 2가닥으로 수놓습니다.
※　* 표시가 있는 스티치는 바탕면을 먼저 채운 후, 그 위에 수놓습니다.

수놓기

수놓는 순서
앞뒤 범퍼 ▶ 차 테두리 전체 외곽선 ▶ 차 바탕면, 창틀 ▶ 문 외곽선(317, 04) ▶ 안쪽선(334, 151) ▶
문손잡이, 핸들, 라이트, 앞 유리, 사이드미러, 의자 ▶ 바퀴 ▶ 영문 필기체

- 먼저 앞뒤 범퍼를 아우트라인s 한 후, 차의 테두리 전체 외곽선을 체인s 합니다. 이어서 문의 외곽선과 안쪽선을 살짝 비워두고 차의 바탕면을 채운 후, 창틀을 아우트라인s 합니다.
- 문 외곽선을 빨간색과 하늘색차는 317 1가닥, 핑크색 차는 04 1가닥으로 아우트라인s 하여 면을 나누어줍니다.
- 차의 안쪽선을 하늘색차는 334 2가닥, 핑크색 차는 151 4가닥으로 각각 아우트라인s 하여 차체의 윤곽을 표현합니다.
- 문손잡이를 blanc으로 새틴s 한 후, 아래쪽 외곽선만 317로 스트레이트s 합니다. 이어서 핸들, 의자, 사이드미러, 라이트를 각각 수놓습니다. 핑크색 차의 앞 유리는 창틀을 04로 아우트라인s 한 후, 유리는 blanc, 유리 외곽선은 518로 수놓습니다.
- 바퀴 휠의 면을 03으로 새틴s 합니다. 그 외곽선을 빨간색, 하늘색 차는 762, 핑크색 차는 894로 2번 아우트라인s 합니다. 그 다음 타이어 면을 둥글게 체인s 합니다.
- 영문 필기체는 826 4가닥으로 부드럽게 이어지도록 아우트라인s 한 후, 밑줄을 수놓습니다.

떡볶이와 멜라민그릇

떡볶이는 지금도 즐겨먹는 간식이지만 초록빛 바탕에 흰색 무늬가 빼곡히 찍힌
멜라민 그릇에 담으면 추억의 맛이 더해지는 기분이에요.
음식과 그릇의 특징을 살려 재미있게 수놓아보세요.

사용한 실 DMC 25번사 :
03, 310, 349, 435, 437, 444, 666, 676, 700, 702, 721, 726, 741, 913, 918, 972, 3712, 3776, 3856, blanc, ecru

사용한 기법 아우트라인s, 체인s, 스플릿s, 백s, 프렌치 노트s, 새틴s

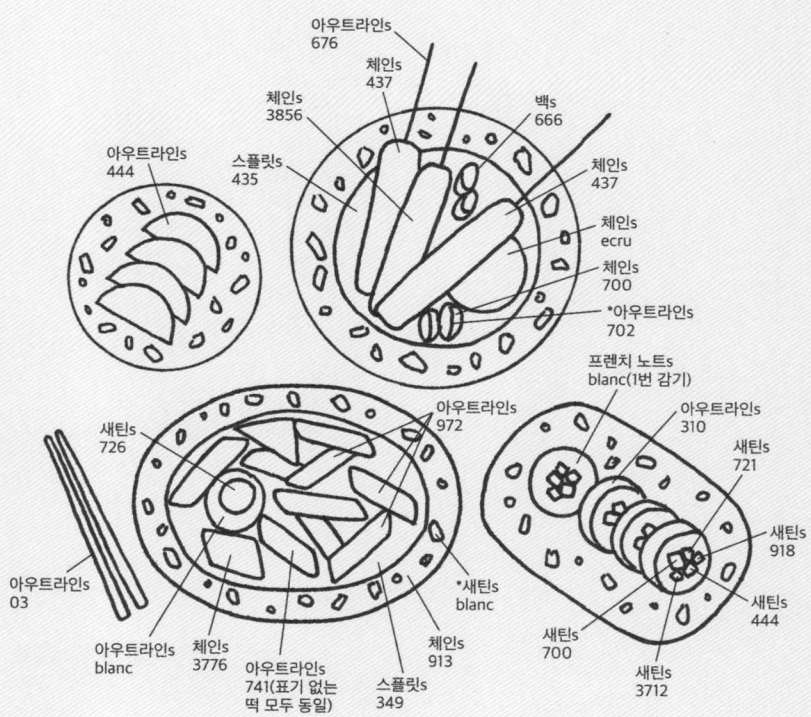

※ 지정 이외는 2가닥으로 수놓습니다.
※ * 표시가 있는 스티치는 바탕면을 먼저 채운 후, 그 위에 수놓습니다.

수놓기

수놓는 순서
내용물 ▶ 국물 ▶ 그릇 ▶ 젓가락

- 떡볶이와 어묵탕은 내용물을 먼저 수놓습니다. 떡과 어묵은 국물이 묻힌 정도에 따라 실색의 변화가 있으니 도안을 확인하며 수놓습니다. 그 다음 국물은 외곽선을 스플릿s 한 후, 내용물 사이의 좁은 부분까지 꼼꼼히 채웁니다.
- 김밥은 김을 아우트라인s 한 후, 속 재료를 각각 새틴s 합니다. 이어서 밥알을 blanc 2가닥으로 1번 감아 촘촘히 프렌치 노트s 합니다.
- 단무지는 앞에 있는 것부터 외곽선을 아우트라인s 한 후, 그 모양을 따라 면을 채웁니다.
- 그릇은 913으로 체인s 한 후, 그 위에 흰색 무늬를 새틴s 해서 멜라민 그릇의 특징을 표현합니다. 이때 흰색 무늬는 도안에 얽매이지 않고 불규칙하고 자유롭게 수놓습니다.

픽셀아트

2D게임의 픽셀아트를 모티프로 한 자수입니다.
정사각형의 픽셀로 이루어진 도안으로 대상을 단순화하여 표현해 오히려 더 귀여운 느낌을 줍니다.
완성한 자수를 동그랗게 만들어 브로치로 활용해보세요. p.197

사용한 실　DMC 25번사 :
　　　　　　[사과] 434, 666, 702, blanc
　　　　　　[고양이] 310, 745, 760, 3731, 3826
　　　　　　[꽃] 163, 744, 899, 3347
　　　　　　[강아지] 310, 435, 842, 938, ecru
　　　　　　[수박] 310, 699, 817

사용한 기법　백s, 아우트라인s, 체인s, 새틴s

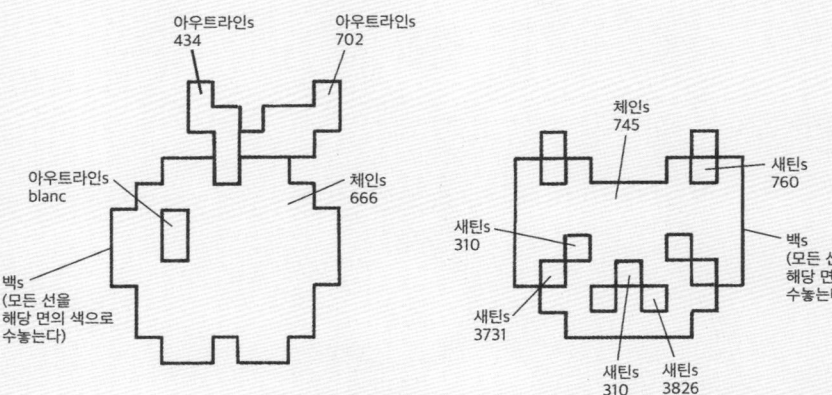

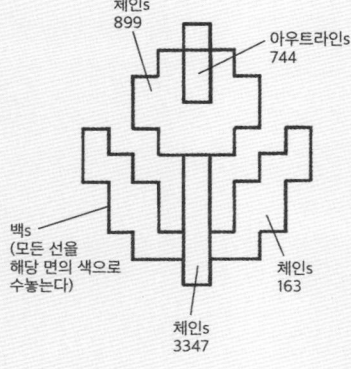

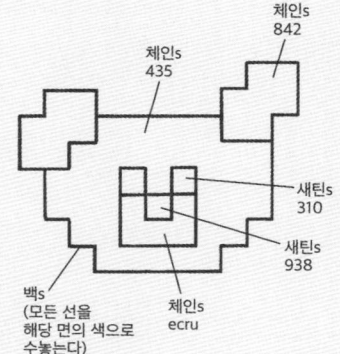

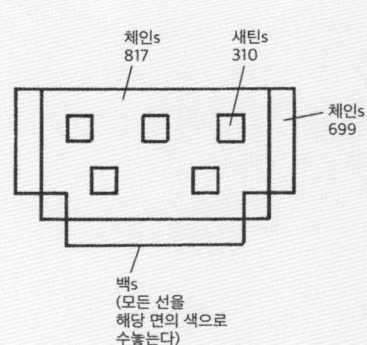

※ 지정 이외는 2가닥으로 수놓습니다.

수놓기

수놓는 순서
안쪽 작은 면(외곽선→면) ▶ 넓은 면(외곽선→면)

- 작은 정사각형 픽셀로 이루어진 도안으로 각진 외곽선의 표현이 중요합니다. 안쪽의 작은 면을 먼저 수놓고 그 둘레의 넓은 면을 수놓습니다. 그리고 각 면의 외곽선을 먼저 백s 한 후, 면을 채웁니다.

사과
광 ▶ 열매 ▶ 가지 ▶ 잎

고양이
눈, 볼, 코, 입 ▶ 귀 ▶ 얼굴

꽃
꽃술 ▶ 꽃 ▶ 줄기 ▶ 잎

개
눈, 코, 입 ▶ 얼굴 ▶ 귀

수박
씨 ▶ 열매 ▶ 껍질

레트로 모티프

RETRO MOTIF

레트로 하면 떠오르는 이미지들을 선명한 색감으로 수놓은 모티프 자수입니다.
와펜이나 브로치, 양말의 포인트 자수로 다양하고 귀엽게 활용해보세요. p.192

사용한 실 DMC 25번사 :
[파란색 디스켓] 517, 762, 803, 893, blanc
[체리] 603, 913, 3607, 3850, blanc
[삐삐] 310, 340, 612, 666, 907, 971
[주황색 디스켓] 310, 959, 971, blanc
[피자] 321, 347, 721, 745, 3776
[스마일]310, 444

사용한 기법 아우트라인s, 새틴s, 체인s, 롱 앤드 쇼트s, 스트레이트s, 스플릿s

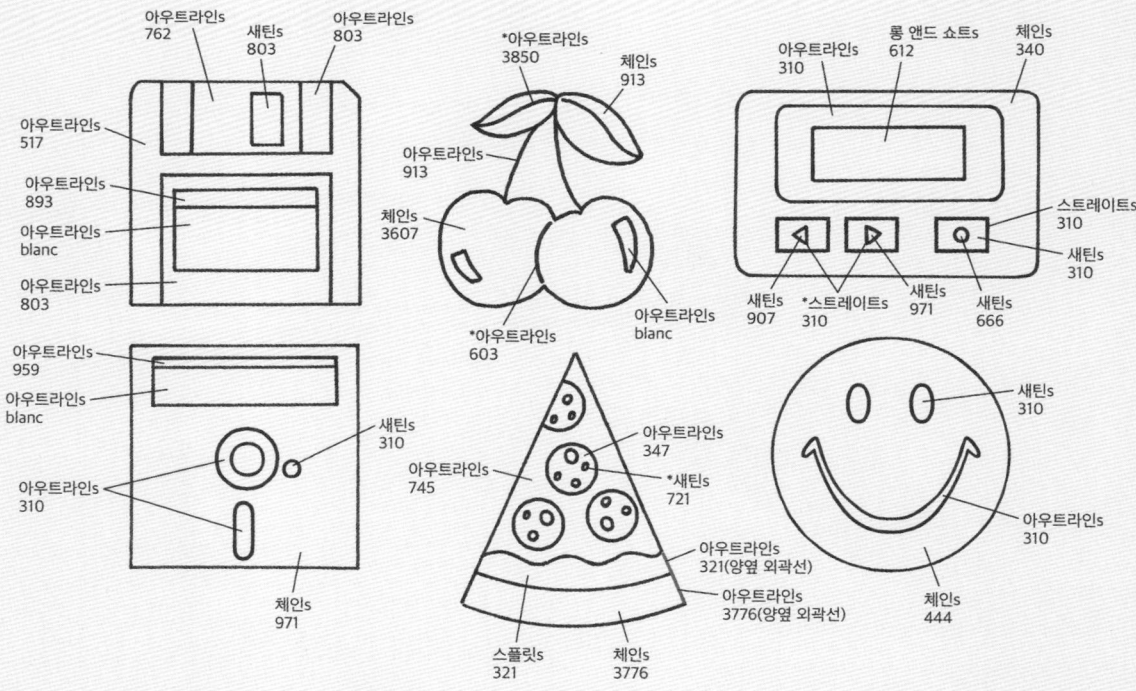

※ 지정 이외는 2가닥으로 수놓습니다
※ *표시가 있는 스티치는 바탕면을 먼저 채운 후, 그 위에 수놓습니다.

수놓기

◆ **파란색 디스켓**

수놓는 순서
보호덮개 ▶
보호덮개 양 옆면 ▶
라벨 ▶
라벨 둘레면 ▶
디스켓 테두리면

- 윗부분, 아랫부분, 테두리면 순으로 수놓습니다. 윗부분의 보호덮개는 먼저 안쪽의 작은 직사각형을 803으로 새틴s 한 후, 762로 아우트라인s 합니다. 그리고 그 양 옆면을 수놓습니다.
- 아랫부분은 라벨을 각각 아우트라인s 한 후, 803으로 둘레의 면을 채웁니다. 이어서 디스켓의 테두리면을 아우트라인s 하여 마무리합니다.

◆ **체리**

수놓는 순서
광 ▶
체리 ▶
겹치는 선 ▶
줄기 ▶
잎

- blanc으로 광을 아우트라인s 한 후, 체리 면을 둥글게 체인s 합니다. 2개의 체리를 모두 수놓고 가운데 겹치는 선을 603으로 아우트라인s 하여 면을 나누어줍니다.
- 체리의 오목한 부분에 잘 맞춰서 줄기를 아우트라인s 합니다. 잎은 면을 913으로 체인s 한 후, 그 위에 잎맥을 3850으로 아우트라인s 합니다.

◆ **삐삐**

수놓는 순서
화면 ▶
화면 둘레면 ▶
버튼 기호 ▶
버튼 ▶
삐삐 몸체

- 화면을 롱 앤드 쇼트s 한 후, 둘레의 면을 310으로 아우트라인s 합니다.
- 버튼의 기호를 새틴s 한 후, 버튼의 외곽선을 스트레이트s 하고 바탕면을 새틴s로 채웁니다. 그 위에 삼각형 기호의 외곽선만 310으로 스트레이트s 합니다. 마지막으로 삐삐의 몸체를 340으로 체인s 하여 완성합니다.

◆ **주황색 디스켓**

수놓는 순서
라벨 ▶
디스크(310) ▶
디스켓 몸체

- 라벨을 각각 아우트라인s 한 후, 디스크 부분을 각각 310으로 아우트라인s, 새틴s 합니다. 이어서 디스켓 몸체를 971로 체인s 하여 마무리합니다.

◆ **피자**

수놓는 순서
페퍼로니 ▶
치즈 ▶
소스 ▶
빵

- 페퍼로니는 347로 둥글게 아우트라인s 한 후, 그 위에 무늬를 721로 새틴s 합니다.
- 치즈의 양옆과 구불구불한 외곽선을 745로 아우트라인s 한 후, 바탕면을 고르게 채웁니다.
- 소스는 스플릿s, 빵은 체인s 하고 도안을 참고하여 양옆 짧은 외곽선만 해당 면의 색으로 아우트라인s 하여 깔끔하게 마무리합니다.

◆ **스마일**

수놓는 순서
눈, 입 ▶
바탕면

- 눈은 살짝 볼록해질 정도로 꼼꼼히 새틴s 하고 입은 아우트라인s 합니다. 이어서 스마일의 외곽선을 체인s 한 후, 안쪽 방향으로 바탕면을 채웁니다.

블랭킷 코바늘 모티프

BLANKET CROCHET MOTIF

코바늘로 뜨개질해서 만드는 블랭킷을 모티프로 한 자수입니다.
털실의 짜임을 표현하기 위해 체인 스티치를 주로 사용해 수놓았습니다.
테두리를 깔끔하게 정리하여 티코스터로 만들어 활용해보세요. p.192

사용한 실 DMC 25번사 :
　　　　　　327, 676, 744, 3347

사용한 기법 체인s, 새틴s, 블랭킷s

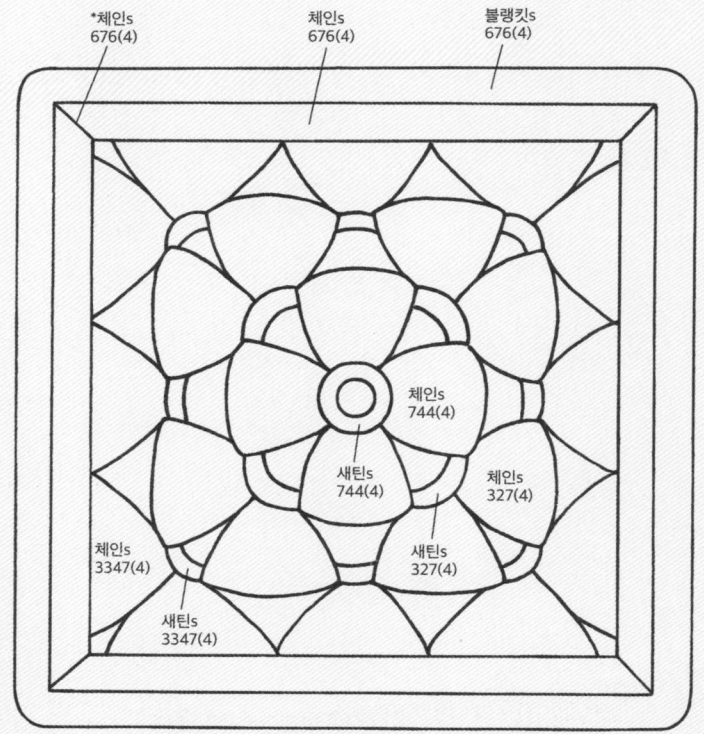

※ * 표시가 있는 스티치는 바탕면을 먼저 채운 후, 그 위에 수놓습니다.

수놓기	수놓는 순서

1단(가장 안쪽) ▶ 2단 ▶ 3단 ▶ 4단 ▶ 5단(가장 바깥쪽)

- 총 5단으로 이루어져 있고 모두 4가닥으로 수놓습니다.
- 가장 안쪽 1단부터 시작해 바깥쪽 방향으로 수놓습니다. 먼저 중앙에 둥근 고리를 빙 두르듯이 744로 새틴s 하고 둘레에 꽃잎을 체인s 합니다. 꽃잎은 외곽선을 체인s 한 후, 면을 채웁니다. 2단도 같은 순서로 수놓습니다.
- 3단은 고리를 3347로 새틴s 하고 꽃잎의 양옆 외곽선만 체인s 한 후, 면을 고르게 채웁니다.
- 4단은 면을 676으로 체인s 한 후, 그 위에 모서리 부분만 사선으로 수놓습니다.
- 5단은 약 1mm 정도의 간격으로 블랭킷s를 하여 완성합니다.

만년필과 엽서

FOUNTAIN PENS & POSTCARDS

편리하고 빠른 것도 좋지만 때론 아날로그 감성이 그리울 때가 있어요.
모두가 잠든 조용한 새벽, 그리운 옛 친구에게 편지를 써내려가는 고요한 순간을 담은 자수입니다.

사용한 실 DMC 25번사 :
03, 310, 318, 413, 414, 415, 519, 642, 722, 725, 726, 730, 754, 918, 3012, 3348, 3721, 3766, 3799, 3818, 3824, ecru, blanc

사용한 기법 아우트라인s, 프렌치 노트s, 체인s, 스플릿s, 백s, 새틴s

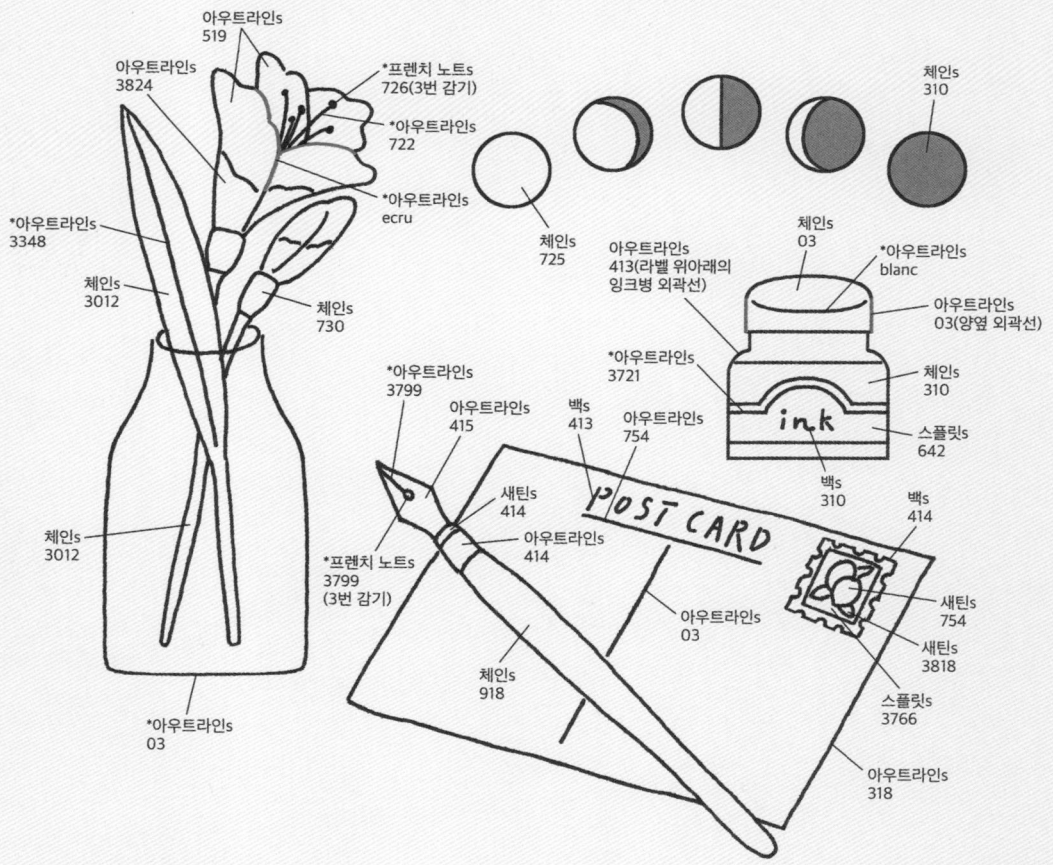

※ 지정 이외는 2가닥으로 수놓습니다
※ *표시가 있는 스티치는 바탕면을 먼저 채운 후, 그 위에 수놓습니다.

수놓기   꽃병, 만년필, 엽서, 잉크, 달 순으로 수놓습니다.

◆ 꽃병

수놓는 순서
꽃잎 ▶
꽃술 ▶
꽃받침, 줄기 ▶
잎 ▶
유리병

- 꽃잎을 519, 3824로 자연스럽게 이어지도록 아우트라인s 합니다. 안쪽 꽃잎도 519로 수놓은 후, 도안에 표시된 꽃잎의 겹치는 선을 ecru로 아우트라인s 합니다.
- 꽃술을 아우트라인s 하고 꽃술의 머리는 가장 마지막에 프렌치 노트s 합니다.
- 꽃받침과 줄기를 각각 수놓습니다. 이어서 잎을 체인s 하고 그 위에 잎맥을 3348로 아우트라인s 합니다. 마지막으로 유리병의 주둥이와 몸체를 아우트라인s 합니다.

◆ 잉크

수놓는 순서
영문 ▶
라벨 ▶
병 외곽선 ▶
잉크 ▶
뚜껑

- 영문을 짧은 땀으로 백s 하고 라벨의 외곽선을 642로 스플릿s 한 후, 면을 채웁니다. 그 위에 상단의 포인트 선을 3721로 아우트라인s 합니다.
- 라벨 위, 아래의 잉크병 외곽선을 413으로 아우트라인s 하고 잉크 면을 310으로 채워줍니다.
- 뚜껑의 윗면과 옆면을 수놓은 뒤, 도안에 표시된 양옆 외곽선만 짧게 아우트라인s 합니다. 그 위에 안쪽선을 blanc으로 아우트라인s 하여 면을 나누어줍니다.

◆ 만년필과 엽서

수놓는 순서
만년필 촉 ▶
만년필 목 ▶
만년필 몸체 ▶
영문, 밑줄 ▶
우표 ▶
엽서 외곽선, 가운데 선

- 펜촉을 아우트라인s 하고 그 위에 3799로 가운데 선을 수놓습니다. 그 아래의 프렌치 노트s는 가장 마지막에 수놓습니다.
- 414로 목 부분의 넓은 면을 아우트라인s 합니다. 그리고 펜촉과 목의 끝이 보이지 않도록 살짝 감싸듯이 사이의 좁은 면을 새틴s 합니다. 이어서 만년필의 몸체를 체인s 합니다.
- 영문은 짧은 땀으로 촘촘히 백s 합니다. 이때 도안의 P와 같이 선과 선이 이어지는 부분에 약간의 틈을 두고 수놓아 일러스트의 느낌을 더합니다. 이어서 밑줄을 수놓습니다.
- 우표의 꽃봉오리와 잎을 새틴s하고 바탕면을 수놓습니다. 우표의 테두리선을 촘촘히 백s 하고 엽서의 외곽선과 가운데 선을 수놓습니다.

◆ 달

수놓는 순서
왼쪽(보름달) ▶
오른쪽(월식)

- 달의 변화하는 모양에 따라 왼쪽에서 오른쪽 순으로 수놓습니다. 달의 넓은 면부터 외곽선을 체인s 한 후, 면을 채웁니다.

23

꽃병과 차 한 잔

A VASE & A CUP OF TEA

130

시원한 보리차를 담아 사용하기도 했던 추억의 오렌지 주스 유리병을 모티프로 한 자수입니다.
밝은 주황색 꽃을 꽂은 유리병과 귀여운 오리 컵을 함께 배치한 밝고 경쾌한 느낌의 도안입니다.

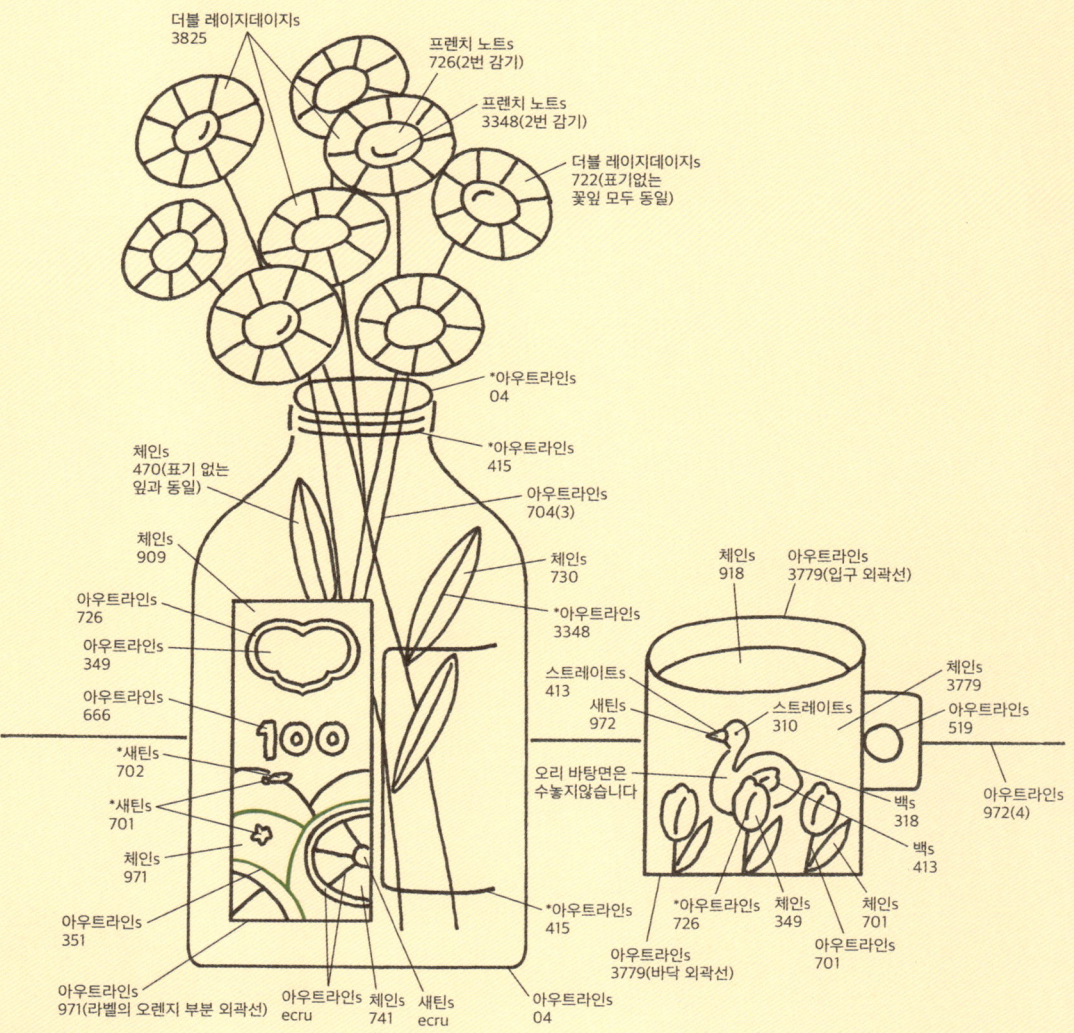

수놓기

꽃병, 컵, 배경 순으로 수놓습니다.

◆ 꽃병

수놓는 순서
꽃잎 ▶
꽃술 ▶
줄기 ▶
잎 ▶
라벨의 마크, 숫자 ▶
라벨 바탕면 ▶
라벨의 오렌지 ▶
유리병

- 꽃잎은 722, 3825로 구분하여 수놓습니다. 꽃술을 중심으로 도안을 따라 더블 레이지데이지s 한 후, 꽃잎과 꽃잎 사이의 남은 면을 고르게 수놓습니다.
- 꽃술은 외곽선을 따라 프렌치 노트s 한 후, 면을 촘촘히 채웁니다. 이때 2가지 색의 꽃술은 3348을 먼저 수놓습니다.
- 줄기를 704 3가닥으로 수놓은 후, 잎을 470, 730 2가지색으로 구분하여 체인s 합니다. 그 위에 잎맥을 아웃라인s 합니다.
- 라벨의 마크와 숫자를 수놓습니다. 그 다음 라벨 상단의 외곽선과 마크의 둘레를 909로 체인s 한 후, 바탕면을 채웁니다.
- 오렌지를 체인s 하고 그 위에 꼭지를 수놓습니다. 이어서 도안에 표시된 겹치는 선을 351로 아웃라인s 하여 면을 나누어줍니다. 오렌지의 단면은 ecru로 아웃라인s 하여 조각을 나눈 후, 각 면을 수놓습니다.
- 라벨의 오렌지 부분 외곽선을 971로 아웃라인s 합니다. 이때 전체 라벨이 일직선으로 이어지도록 잘 맞추어 수놓습니다.
- 유리병의 주둥이와 라벨 옆의 손잡이를 아웃라인s 한 후, 몸체를 수놓습니다.

◆ 컵, 배경

수놓는 순서
오리 ▶
꽃, 줄기, 잎 ▶
컵 몸체, 손잡이 ▶
컵 내용물

- 오리의 몸통과 날개 외곽선을 짧은 땀으로 백s 합니다. 주둥이의 외곽선을 짧게 스트레이트s 한 후, 면을 수놓습니다. 이어서 눈을 짧게 스트레이트s 합니다.
- 꽃의 바탕면을 수놓은 후, 그 위에 726으로 안쪽선을 아웃라인s 합니다. 이어서 줄기와 잎을 수놓습니다
- 컵의 몸체를 체인s 한 후, 입구와 바닥의 외곽선만 아웃라인s 합니다. 손잡이의 동그란 선을 아웃라인s 하고 바탕면을 체인s 합니다. 이어서 내용물을 수놓습니다.
- 꽃병과 컵을 모두 수놓은 후, 배경 선을 972 4가닥으로 아웃라인s 합니다.

뉴트로 감성

NEWTRO SENSIBILITY

단아한 느낌의 나무 경대와 현대적인 분위기를 한 공간에 담은 뉴트로 감성 자수입니다.
경대의 문양 장식부터 차근차근 깔끔하게 수놓아보세요.

사용한 실　DMC 25번사 :
03, 04, 352, 413, 469, 470, 554, 612, 648, 699,
783, 792, 839, 918, 938, 3012, 3818, 3862

사용한 기법　아우트라인s, 체인s, 새틴s, 스플릿s, 스트레이트s,
레이지데이지s

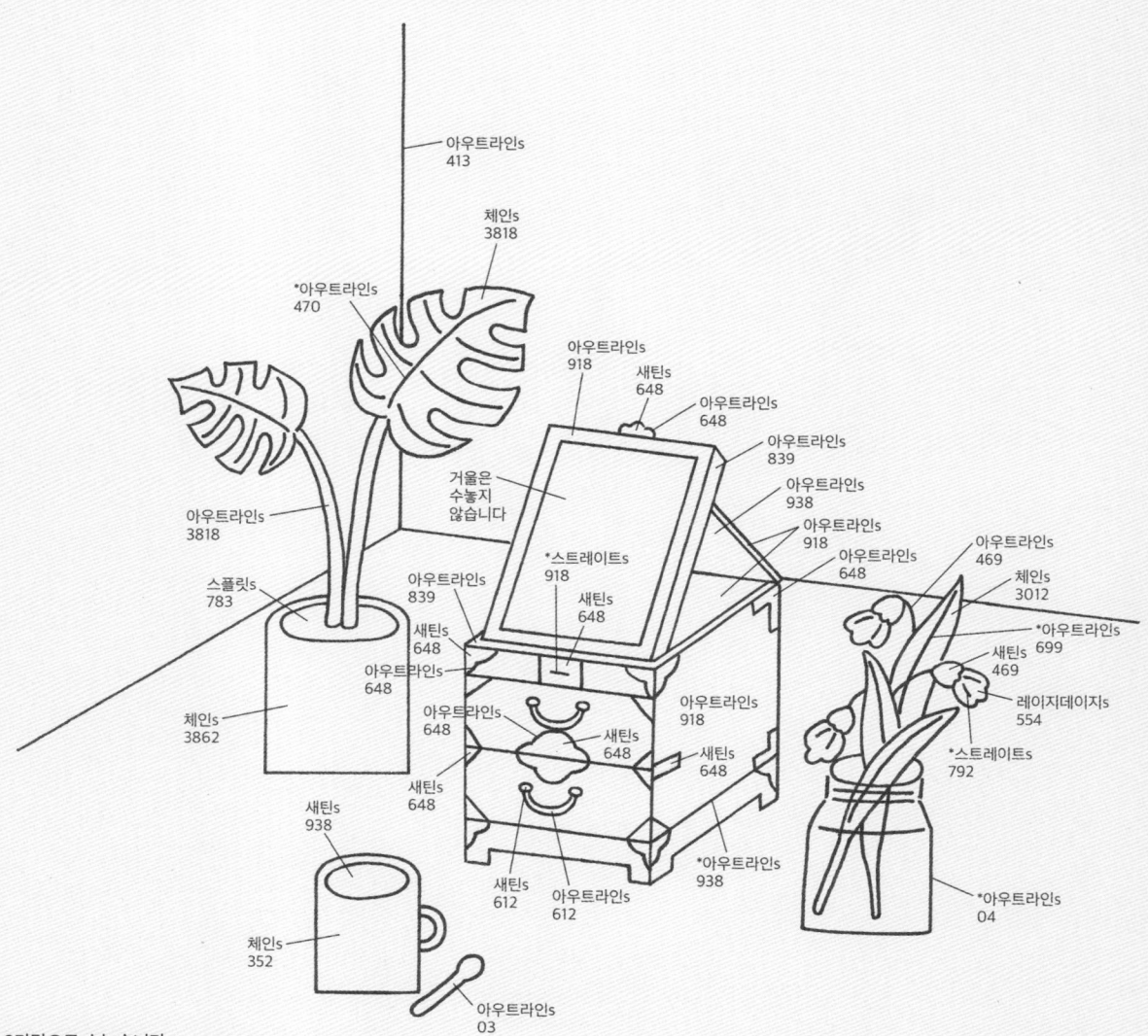

※ 지정 이외는 2가닥으로 수놓습니다.
※ *표시가 있는 스티치는 바탕면을 먼저 채운 후, 그 위에 수놓습니다.
※ 거울은 수놓지 않습니다.

수놓기 경대, 꽃병, 화분, 컵, 배경 순으로 수놓습니다.

◆ 경대

수놓는 순서
거울 틀(거울은 수놓지 않는다) ▶
서랍 윗면, 거울의 뒤쪽 받침대 ▶
서랍의 모든 문양, 손잡이 ▶
서랍 바탕면 ▶
서랍의 모서리, 안쪽 변

- 복잡해 보이지만 반복되는 스티치가 많아 어렵지 않습니다. 거울 틀의 정면은 918, 옆면은 839로 아우트라인s 합니다. 그 다음 틀 상단의 장식을 외곽선과 면 순으로 수놓습니다.
- 서랍 윗면의 얇은 테두리는 839, 윗면은 918로 아우트라인s 합니다. 이어서 거울의 뒤쪽 받침대를 수놓습니다.
- 서랍의 모든 문양은 648, 손잡이는 612로 수놓습니다. 곡선으로 된 문양은 외곽선을 아우트라인s 한 후, 면을 새틴s 합니다. 'ㄱ' 형태의 문양은 아우트라인s, 삼각, 사각 문양은 새틴s 합니다.
- 서랍 몸체의 외곽선을 918로 아우트라인s 한 후, 바탕면을 채웁니다. 이때 안쪽선을 살짝 비워두고 수놓으면 위치를 잡기가 수월합니다. 그 위에 938로 서랍 안쪽의 모서리와 변을 모두 아우트라인s 해서 면을 나누어줍니다.

◆ 꽃병

수놓는 순서
꽃 ▶
꽃받침, 줄기 ▶
잎 ▶
유리병

- 꽃잎은 3면으로 나누어 여러 번 레이지데이지s 한 후, 그 위에 안쪽선을 792로 스트레이트s 합니다. 그 다음 꽃받침과 줄기를 수놓습니다. 잎은 바탕면을 체인 한 후, 잎맥을 아우트라인s 합니다.
- 유리병의 주둥이 부분을 잎 위에 아우트라인s 한 후, 몸체를 수놓습니다.

◆ 화분

수놓는 순서
잎 ▶
줄기 ▶
흙 ▶
화분

- 먼저 잎의 외곽선을 3818로 체인s 한 후, 각 구간별로 면을 채웁니다. 그 위에 잎맥을 470으로 아우트라인s 합니다. 이어서 잎과 같은 색으로 줄기를 수놓습니다.
- 흙을 둥글게 스플릿s 하고 화분의 입구와 몸체 외곽선을 체인s 한 후, 면을 채웁니다.

◆ 컵, 배경

수놓는 순서
컵 입구 ▶
컵 몸체, 손잡이 ▶
내용물 ▶
숟가락

- 컵의 입구를 둥글게 체인s 한 후, 몸체와 손잡이를 수놓습니다. 이어서 내용물을 둥글게 새틴s 합니다. 그 다음 숟가락을 외곽선, 면 순으로 수놓습니다.
- 마지막으로 배경을 413으로 아우트라인s 하여 완성합니다.

일력과 초

CALENDAR & CANDLE

날짜를 한 장씩 뜯어 쓰는 일력과 타고 있는 초 그리고 성냥.
레트로 감성의 물건들을 한 공간에 담은 자수입니다.
완성한 자수를 액자에 넣어 분위기 있게 장식해보세요.

사용한 실 DMC 25번사 :
03, 04, 210, 211, 221, 310, 312, 317, 318, 352, 414, 415, 435, 437, 470, 553, 612, 700, 702, 704, 721, 745, 778, 817, 971, 987, 3727, 3825, 3862, blanc

사용한 기법 아웃라인s, 체인s, 프렌치 노트s, 새틴s, 스트레이트s, 더블 레이지데이지s, 백s

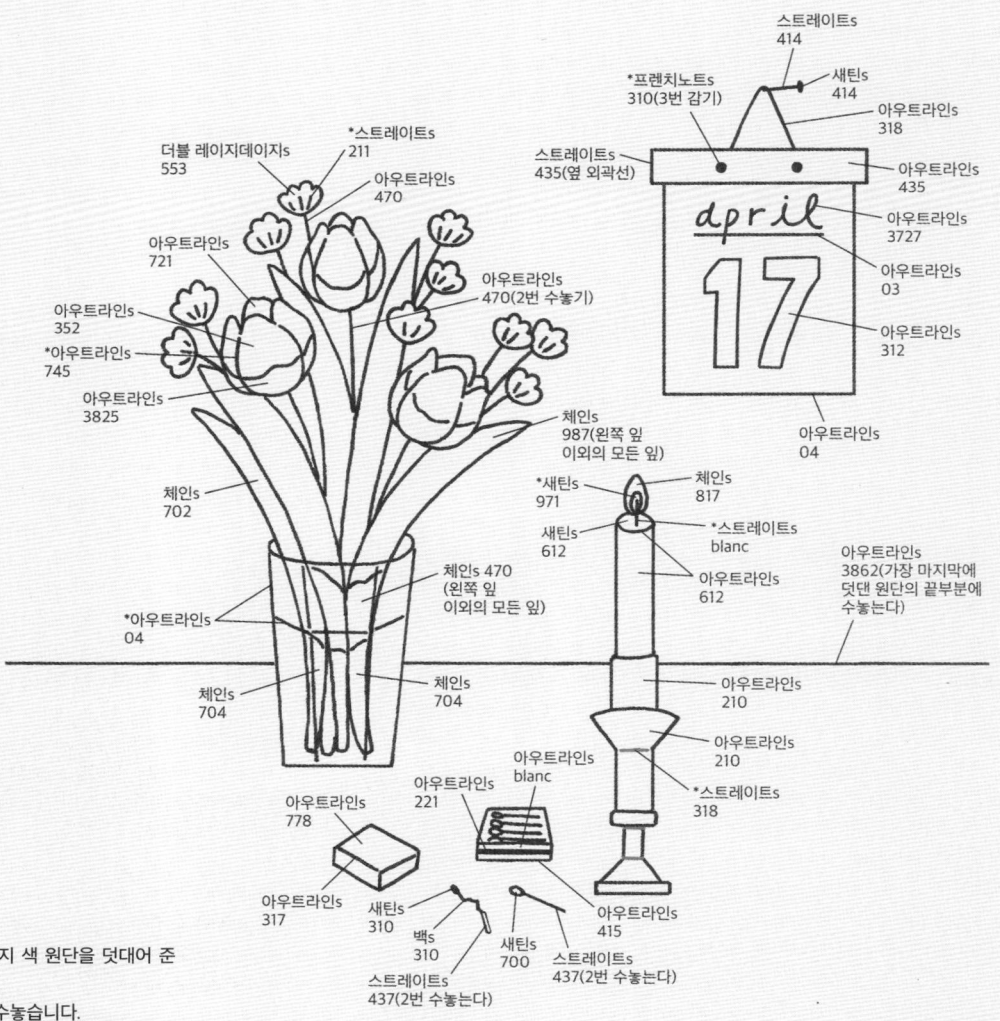

※ p.142를 참고하여 두 가지 색 원단을 덧대어 준비한 후 수놓습니다.
※ 지정 이외는 2가닥으로 수놓습니다.
※ *표시가 있는 스티치는 바탕면을 먼저 채운 후, 그 위에 수놓습니다.

| 수놓기 | - 꽃병, 달력, 초, 성냥, 테이블 순으로 수놓습니다. |

◆ 꽃병

수놓는 순서
큰 꽃 ▶
작은 꽃 ▶
줄기 ▶
잎 ▶
꽃병

- 큰 꽃의 겉 꽃잎을 2가지 색으로 자연스럽게 이어지도록 아웃라인s 한 후, 그 위에 745로 경계선을 수놓아 면을 나누어줍니다. 이어서 꽃잎의 안쪽을 721로 아웃라인 합니다.
- 작은 꽃은 볼록한 구간마다 553으로 더블 레이지데이지s 하고 그 위에 211로 스트레이트s 합니다.
- 큰 꽃의 줄기는 470으로 2번 아웃라인s 하고 작은 꽃의 줄기는 1번 수놓습니다.
- 가장 왼쪽 잎은 702, 704로 각 면을 체인s 하고 나머지 잎은 모두 987, 470, 704로 수놓습니다. 잎의 다른 색으로 이어지는 부분은 체인s를 같은 방향으로 연결하여 수놓습니다.
- 꽃병은 잎을 모두 수놓은 후, 그 위에 아웃라인s 합니다.

◆ 일력

수놓는 순서
숫자, 영문, 밑줄 ▶
일력 외곽선 ▶
상단 나무 부분 ▶
줄 ▶
못

- 숫자와 영문을 짧은 땀으로 아웃라인 한 후, 밑줄을 수놓습니다. 이어서 일력의 외곽선을 수놓습니다.
- 상단의 나무를 가로로 수놓고, 양 옆의 외곽선만 짧게 스트레이트s 합니다. 나사의 프렌치 노트s는 가장 마지막에 수놓습니다.
- 줄을 아웃라인s 한 후, 그 사이에 위치를 잘 맞추어 못과 머리를 수놓습니다.

◆ 초

수놓는 순서
불꽃 ▶
초 ▶
심지 ▶
캔들 홀더

- 겉불꽃을 817로 체인s 한 후, 그 위에 속불꽃을 971로 새틴s 합니다.
- 초의 윗면을 새틴s 하고 그 외곽선을 아웃라인s 한 후, 기둥을 수놓습니다. 그 다음 blanc으로 불꽃과 초의 윗면에 걸쳐서 심지를 스트레이트s 합니다.
- 캔들 홀더는 각각의 면을 모두 수놓고 좁아지는 마디마다 318로 스트레이트s 합니다.

◆ 성냥, 성냥갑

수놓는 순서
성냥, 탄 성냥 ▶
성냥갑 안의 성냥 ▶
성냥갑 ▶
성냥갑 뚜껑

- 성냥 머리를 수놓고 나뭇개비를 2번 스트레이트s 합니다. 탄 성냥은 머리를 수놓고 타면서 휘어진 모양을 짧은 땀으로 백s 한 뒤, 남은 나뭇개비를 수놓습니다.
- 성냥갑 안의 성냥을 모두 수놓습니다. 그리고 성냥갑의 외곽선과 두꺼운 선을 각각 아웃라인s 한 후, 남은 면을 blanc으로 채웁니다.
- 성냥 뚜껑은 외곽선과 면을 아웃라인s 한 후, 317로 모서리 선을 수놓아 면을 나누어줍니다.

◆ 테이블

- 자수를 모두 끝낸 후, 테이블 원단의 접힌 부분이 보이지 않도록 최대한 끝에 아웃라인s 하여 마무리합니다.

수놓기 준비 두 가지 색 원단을 덧대어 수놓은 자수입니다. 수놓기 전에 다음과 같이 준비합니다.

1. 벽(옅은 색)과 테이블(진한 색)이 될 원단을 준비합니다. 테이블 원단은 벽 원단의 절반 정도 크기면 됩니다.

4. 접은 시접 선을 따라 홈질 합니다.

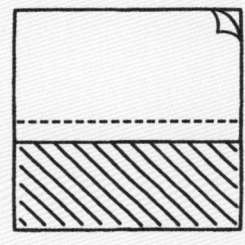

2. 테이블 원단의 한쪽 끝단을 시접 1cm로 재단하고 시접 선을 따라 접은 후 다림질 합니다.

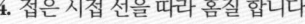

5. 고정이 된 테이블 원단을 접어 내린 후, 잘 다려줍니다.

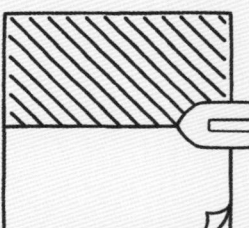

3. 벽 원단의 절반 정도 위치에 테이블 원단을 시접이 위로 오도록 하여 거꾸로 올립니다. 그리고 시침핀으로 고정 시킵니다.

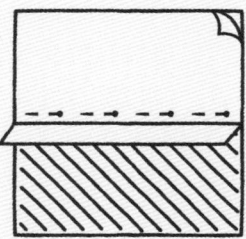

책상

80, 90년대의 책상을 모티프로 한 자수입니다.
작은 나무 책꽂이에 꽂은 두껍고 얇은 책들, 원색의 전등, 벽에 붙인 생활 계획표까지.
겪어보지 않은 세대도 그 시절의 아련하고 따뜻한 분위기를 느끼며 수놓아보세요.

사용한 실 DMC 25번사 :
03, 310, 317, 340, 413, 415, 435, 437, 519, 666, 676, 701, 721, 725, 762, 783, 792, 826, 959, 3765, 3776, 3825, 3856, ecru

사용한 기법 아우트라인s, 체인s, 스플릿s, 스트레이트s, 새틴s, 백s

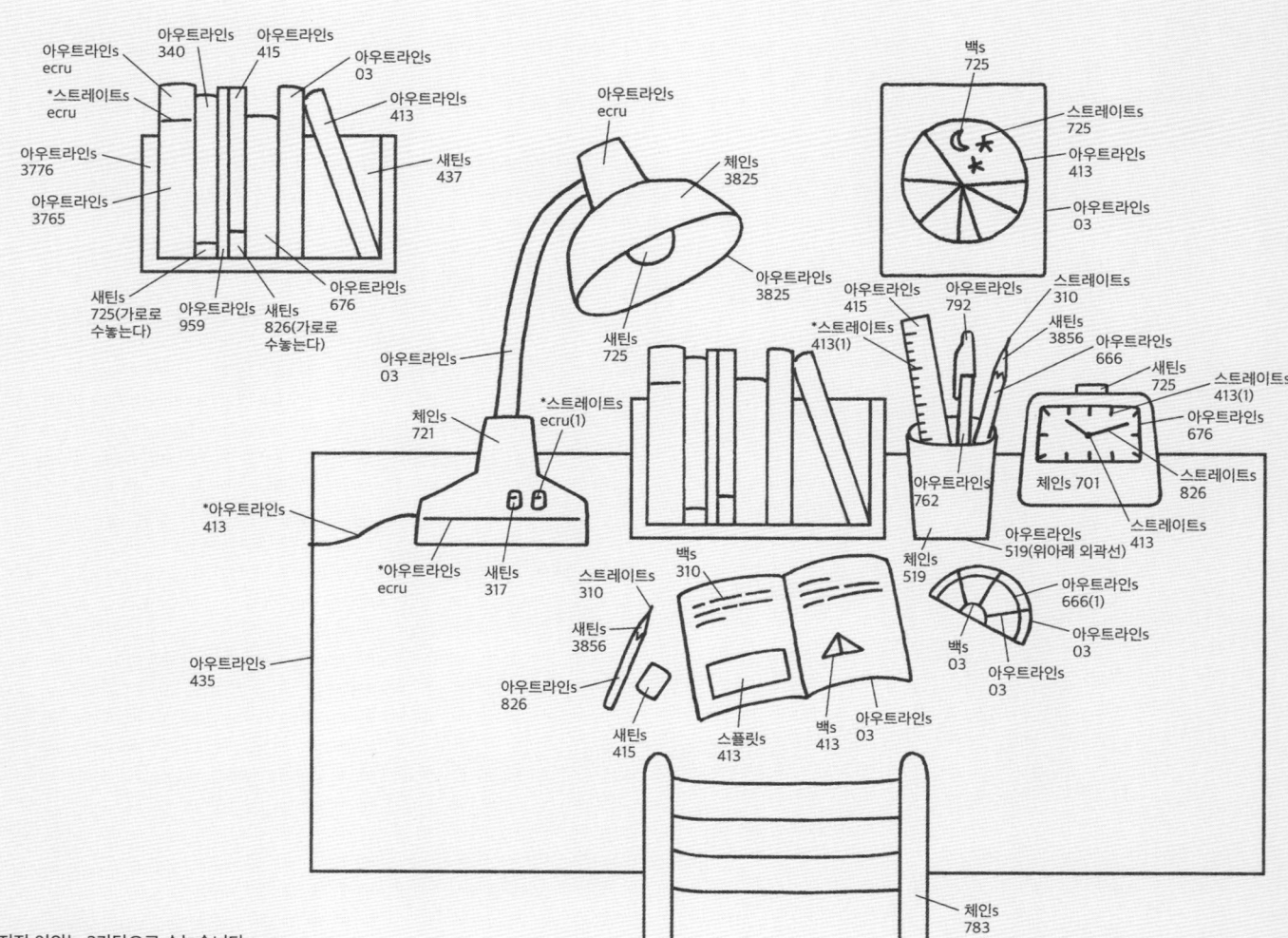

※ 지정 이외는 2가닥으로 수놓습니다.
※ *표시가 있는 스티치는 바탕면을 먼저 채운 후, 그 위에 수놓습니다.

수놓기

수놓는 순서
전등 ▶책, 책꽂이 ▶자, 펜, 연필, 연필꽂이 ▶시계 ▶펼쳐진 책, 연필, 지우개, 각도기 ▶의자, 책상 ▶전등 전선 ▶생활계획표

◆ 전등
- 전등갓, 목, 받침대 순서로 수놓습니다. 먼저 3825로 전등갓 타원형 외곽선을 아웃라인s 한 후, 전등갓과 전구를 각각 수놓습니다. 이때 전등갓 안쪽 면은 수놓지 않습니다. 이어서 목을 아웃라인s 합니다.
- 버튼을 317로 새틴s 하고 그 위에 ecru 1가닥으로 스트레이트s 합니다. 그 다음 몸체를 체인s 한 후, 그 위에 안쪽선을 아웃라인s 하여 면을 나누어줍니다. 전선은 책상을 수놓은 후, 그 위에 아웃라인s 합니다.

◆ 연필꽂이
- 자의 바탕면을 수놓고 그 위에 413 1가닥으로 눈금을 스트레이트s 합니다. 펜은 뚜껑을 아웃라인s 한 후, 몸체를 수놓습니다. 연필은 나무 부분, 몸체를 각각 수놓고 심을 짧게 스트레이트s 합니다.
- 자, 펜, 연필의 끝이 보이지 않도록 살짝 감싸듯이 연필꽂이의 입구를 아웃라인s 합니다. 이어서 몸체를 체인s 한 후, 바닥 외곽선을 아웃라인s 합니다.

◆ 펼쳐진 책, 연필, 지우개, 각도기
- 펼쳐진 책의 외곽선을 아웃라인s 한 후, 상단의 글자 부분을 백s 하고 하단의 그림 자료를 각각 수놓습니다.
- 연필의 나무 부분과 몸체를 각각 수놓고 심을 짧게 스트레이트s 합니다. 그리고 그 옆에 지우개를 새틴s 합니다.
- 각도기는 반달 모양 외곽선을 아웃라인s 한 후, 안쪽선을 666 1가닥으로 수놓습니다. 이어서 하단의 작은 반원과 3개의 선을 수놓습니다.

◆ 책꽂이
- 가장 왼쪽 책부터 차례로 수놓습니다. 책의 긴 면을 아웃라인s 하고 그 끝이 보이지 않도록 하단의 짧은 면을 가로로 새틴s 합니다. 그 다음 3776으로 책꽂이를 아웃라인s 하고 437로 안쪽 면을 새틴s 합니다.

◆ 시계
- 시계의 안쪽 외곽선을 676으로 아웃라인 한 후, 시간표시와 시침, 분침을 각각 스트레이트s 합니다. 이어서 몸체를 체인s 하고 알람 버튼을 새틴s 합니다.

◆ 의자, 책상
- 책상 위의 모든 물건을 수놓은 후, 의자를 체인s 하고 책상 외곽선을 아웃라인s 합니다. 그리고 책상 외곽선에 겹쳐지도록 전등의 전선을 수놓습니다.

◆ 생활계획표
- 원과 시간을 나눈 외곽선을 413으로 아웃라인s 한 후, 달과 별을 각각 수놓습니다. 이어서 종이의 외곽선을 아웃라인s 하여 완성합니다.

한글 타이포그래피

HANGEUL TYPOGRAPHY

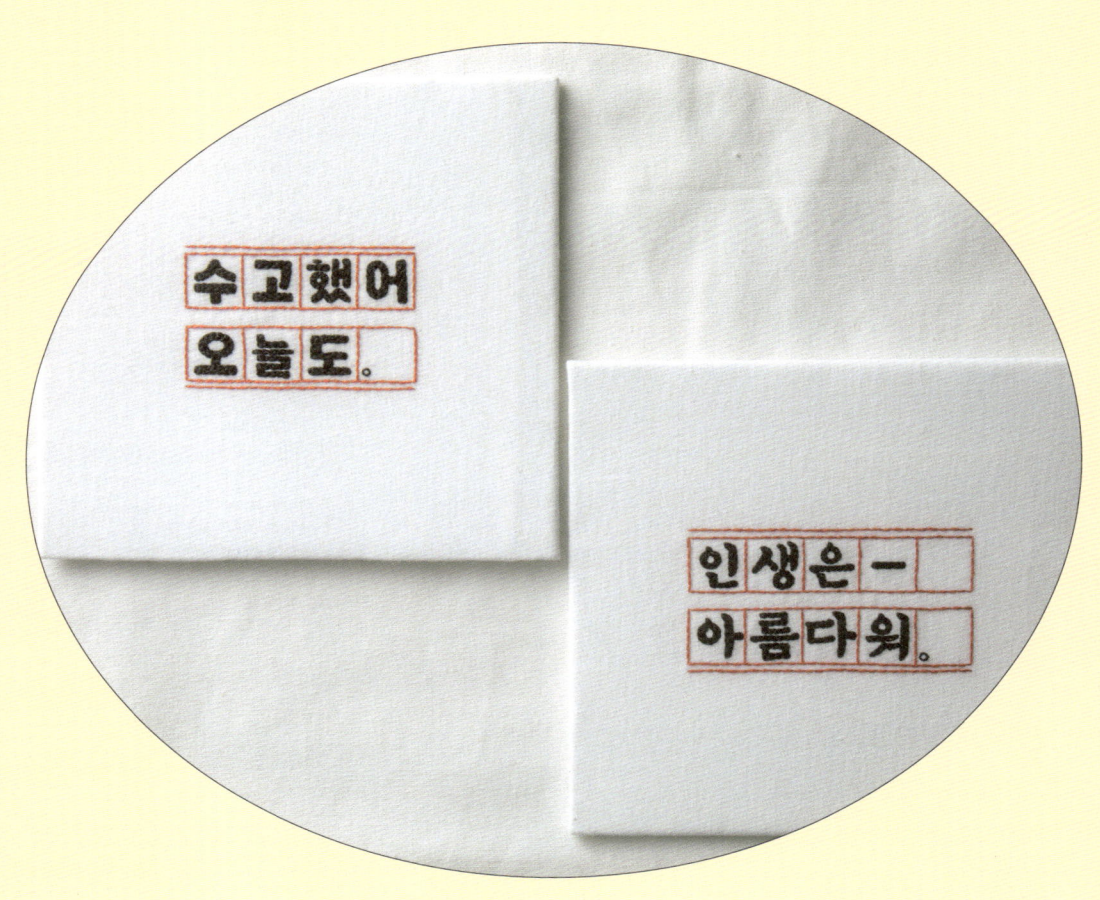

빨간 원고지 프레임에 한글을 가지런히 담은 손글씨 자수입니다.
긍정적인 메시지를 깔끔하게 수놓은 뒤, 미니액자로 만들어 책상 한편에 장식해보세요.

사용한 실 DMC 25번사 :
310, 347

사용한 기법 백s, 아우트라인s

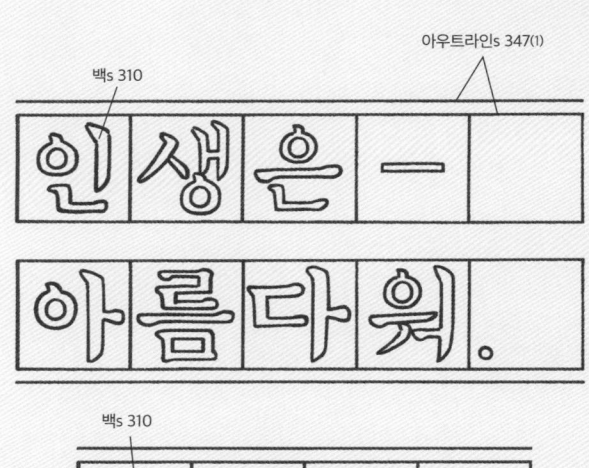

※ 지정 이외는 2가닥으로 수놓습니다.

수놓기

수놓는 순서
글자 ▶ 원고지 외곽선

- 명조체는 글자의 끝에 작게 돌출된 부분을 잘 살려서 세심하게 수놓습니다. 고딕체는 선을 일정하고 곧게 수놓는 것이 중요합니다.
- 글자의 외곽선을 짧은 땀으로 촘촘히 백s 한 후, 면을 채웁니다. 그리고 마침표는 외곽선만 수놓습니다.
- 원고지 외곽선은 347 1가닥으로 아우트라인s 합니다.

영어 타이포그래피

ENGLISH TYPOGRAPHY

여러 가지 색상을 사용한 입체적인 영문 타이포그래피 도안입니다.
간단하고 쉬운 기법을 사용하여 가볍게 수놓기 좋습니다. 긍정적인 메시지를 액자로 만들어 벽을 장식해보세요.

사용한 실 DMC 25번사 :
550, 726, 899

사용한 기법 체인s, 아우트라인s

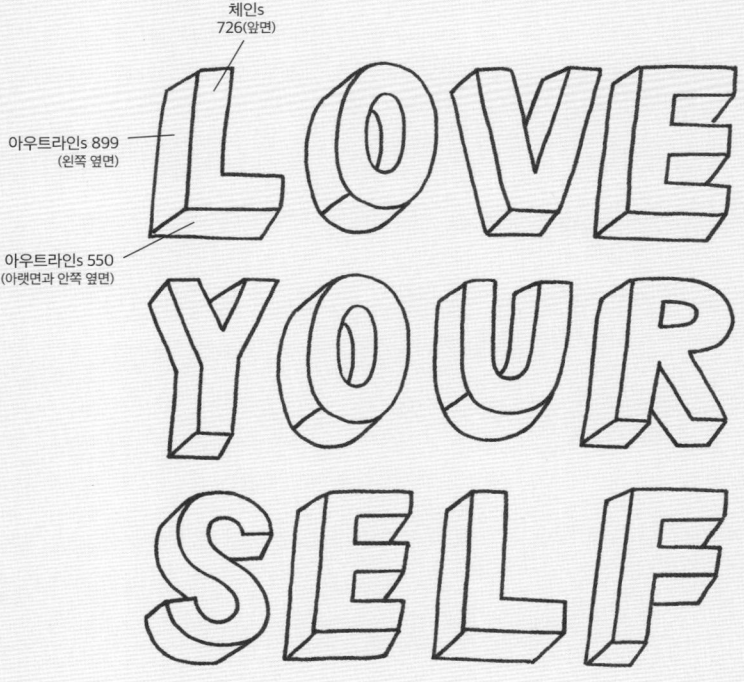

※ 지정 이외는 2가닥으로 수놓습니다.

| 수놓기 | 수놓는 순서
앞면 ▶ 왼쪽 옆면 ▶ 아랫면, 안쪽 옆면 |

- 수놓는 순서에 따라 1자씩 수놓습니다.
- 각 면의 외곽선을 먼저 수놓은 후, 바탕면을 빈틈없이 깔끔하게 채웁니다.
- 각 면을 3가지 색으로 나누어 수놓습니다. 앞면은 726으로 체인s, 왼쪽 옆면은 899로 아우트라인s, 나머지 아랫면과 안쪽 옆면은 550으로 아우트라인s 합니다.

텔레비전과 자개장

TELEVISION & MOTHER-OF-PEARL

고운 자개장과 빨간 다이얼 텔레비전 자수입니다.
텔레비전 다이얼을 돌리면 마치 흑백 화면이 나올 것 같은 느낌이에요.
자개장이 조금 복잡해보이지만 반복되는 패턴으로 이루어져 어렵지 않습니다.
차근차근 수놓아 완성해보세요.

사용한 실 DMC 25번사 :
03, 310, 413, 415, 434, 642, 648, 700, 760, 762, 817, 842, 3022, 3350, 3731, 3818

사용한 기법 아우트라인s, 체인s, 스플릿s, 새틴s, 레이지데이지s, 스트레이트s

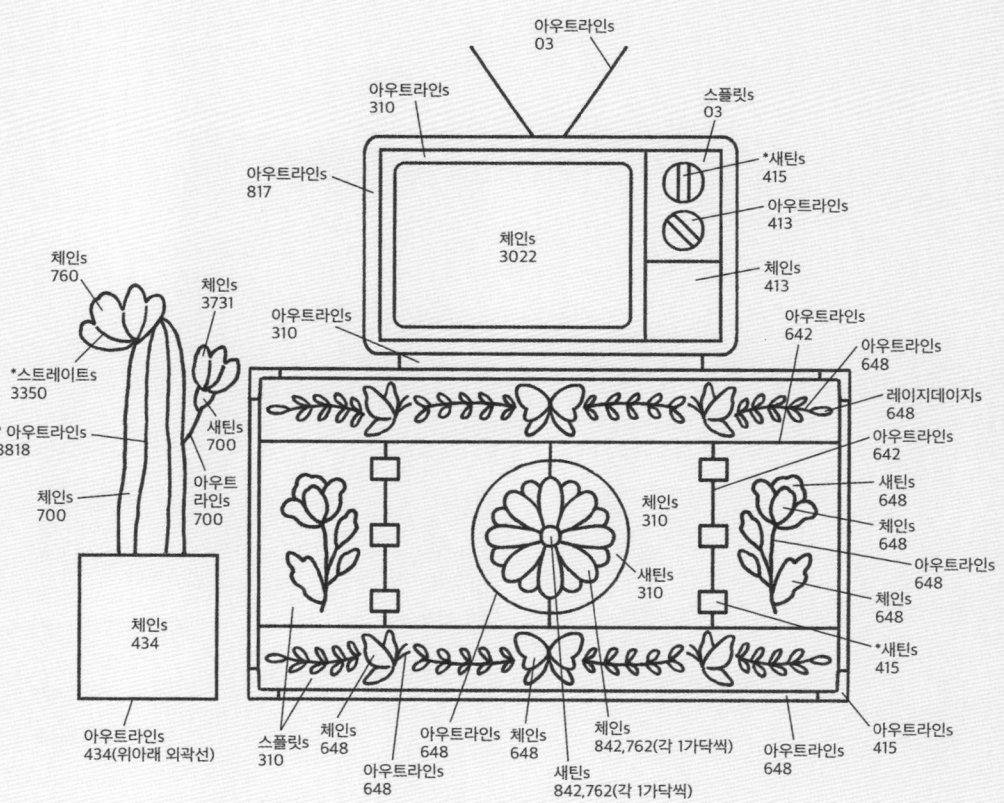

※ 지정 이외는 2가닥으로 수놓습니다.
※ *표시가 있는 스티치는 바탕면을 먼저 채운 후, 그 위에 수놓습니다.

수놓기   텔레비전, 자개장, 선인장 순으로 수놓습니다.

◆ 텔레비전

수놓는 순서
화면 ▶ 화면 둘레면 ▶
다이얼 ▶
다이얼 둘레면 ▶
바깥쪽 테두리면 ▶
받침대, 안테나

- 화면을 체인s 하고 그 둘레의 면을 310으로 아웃라인s 합니다. 이어서 다이얼의 동그란 바탕면을 413으로 아웃라인s 한 후, 그 위에 손잡이를 415로 새틴s 합니다. 그 다음 다이얼 둘레와 그 아랫면을 각각 수놓습니다.
- 텔레비전의 바깥쪽 테두리면, 받침대, 안테나 순으로 각각 아웃라인s 합니다.

◆ 자개장

수놓는 순서
중앙의 큰 꽃 ▶
양 옆의 작은 꽃 ▶
위아래 나비, 풀 ▶
문 외곽선(자개장 안쪽 직선) ▶ 경첩 ▶
둥근 외곽선 ▶
자개장 바탕면 ▶
바깥쪽 테두리면

- 자개 문양을 모두 수놓습니다. 중앙에 큰 꽃문양은 842, 762를 각 1가닥씩 바늘에 꿰어 수놓습니다. 가운데 꽃술을 새틴s 한 후, 꽃잎을 체인s 합니다.
- 큰 꽃을 제외한 모든 자개 문양은 648로 수놓습니다. 양옆의 작은 꽃문양은 겉 꽃잎 3면을 체인s 하고 꽃잎의 안쪽을 새틴s 합니다. 이어서 줄기와 잎을 각각 수놓습니다.
- 나비 문양을 수놓은 뒤, 그 사이에 풀의 줄기와 잎 순으로 수놓습니다.
- 문의 외곽선(자개장 안쪽 직선)을 642로 모두 수놓고 그 위에 경첩을 415로 새틴s 합니다. 이어서 큰 꽃문양의 둘레에 둥근 외곽선을 648로 아웃라인s 합니다.
- 자개장의 바탕면은 모두 310으로 수놓습니다. 먼저 큰 꽃문양 둘레의 둥근 면을 새틴s 한 후, 양쪽 문을 체인s 합니다. 그리고 나머지 바탕면을 꼼꼼히 스플릿s 합니다. 이어서 바깥쪽 얇은 테두리면을 아웃라인s 하여 마무리합니다.

◆ 선인장

수놓는 순서
선인장 몸체 ▶ 꽃 ▶
꽃받침, 줄기 ▶ 화분

- 선인장 몸체를 수놓은 뒤, 그 위에 3818로 아웃라인s 하여 면을 나누어줍니다.
- 큰 꽃과 작은 꽃을 각각 체인s 한 후, 3350으로 꽃잎 사이의 경계선을 스트레이트s 합니다. 이어서 꽃받침과 줄기를 수놓습니다.
- 화분은 세로로 체인s 하고 위아래 외곽선만 아웃라인s 합니다.

레트로 사계절 로고

RETRO FOUR SEASONS LOGO

사계절의 풍경을 담은 빈티지 로고 자수입니다.
계절마다 같은 계열의 색감 2가지로만 이루어져 있어 간단하지만 독특한 분위기를 연출할 수 있어요.
완성한 자수의 테두리를 정리하여 브로치로 활용해보세요. p.192

사용한 실　DMC 25번사 :
[봄] 210, 553
[여름] 517, 3750
[가을] 347, 817
[겨울] 317, 3799

사용한 기법　백s, 아우트라인s, 프렌치 노트s, 스트레이트s, 새틴s

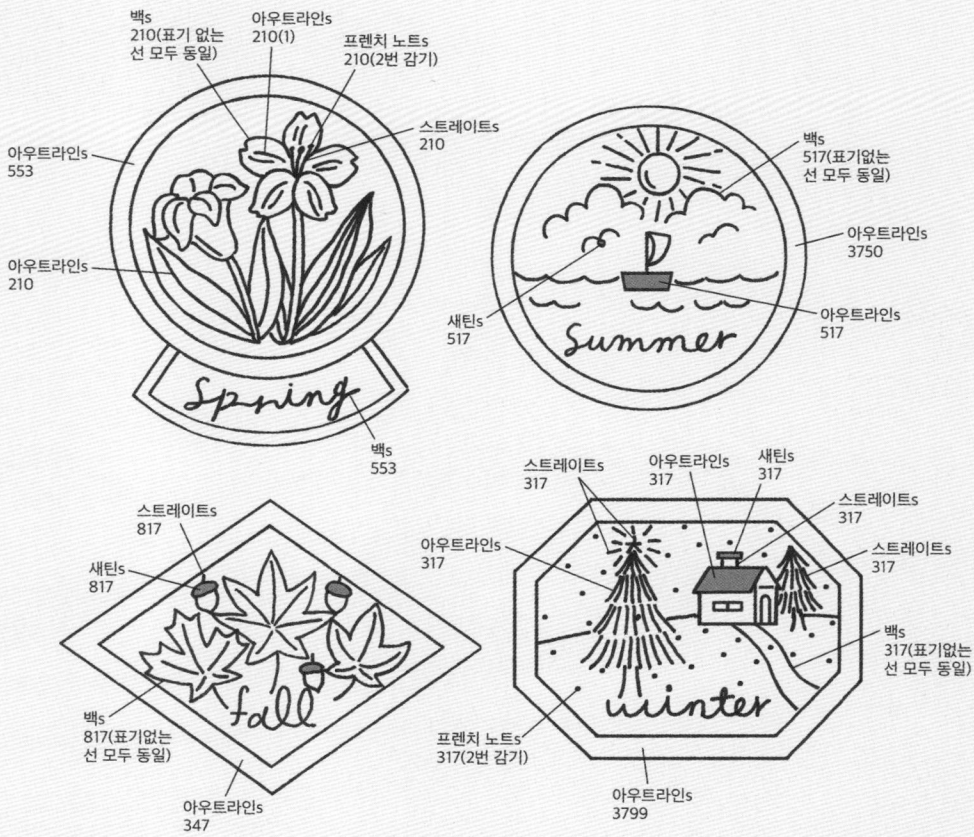

※ 지정 이외는 2가닥으로 수놓습니다.

수놓기

수놓는 순서
그림 ▶ 영문 ▶ 프레임

- 지정된 면 이외는 모두 외곽선만 수놓습니다.
- 영문은 짧은 땀으로 백s 하고 프레임은 아우트라인s 합니다.

◆ **봄**
- 먼저 꽃잎을 백s 한 후, 꽃잎의 안쪽선을 1가닥으로 아우트라인s 합니다. 꽃술을 수놓을 때 꽃술의 머리는 가장 마지막에 프렌치 노트s 합니다.
- 줄기와 잎을 백s 한 후, 잎맥을 아우트라인s 합니다. 그리고 영문과 프레임을 각각 수놓아 마무리합니다.

◆ **여름**
- 태양부터 아래쪽 방향으로 백s 하고 갈매기의 몸체는 새틴s, 배의 몸체는 아우트라인s 합니다. 그리고 영문과 프레임을 각각 수놓아 마무리합니다.

◆ **가을**
- 먼저 단풍잎의 외곽선과 잎맥을 백s 합니다. 이때 잎맥이 모이는 가운데 부분은 비워 두고 수놓습니다.
- 단풍잎 사이사이에 도토리를 몸체, 머리, 꼭지 순으로 수놓습니다. 그리고 영문과 프레임을 각각 수놓아 마무리합니다.

◆ **겨울**
- 큰 나무의 가장 위쪽 잎을 아우트라인s 합니다. 그리고 그 아래에서 퍼져 나오는 느낌으로 조금씩 넓어지도록 가장 아래쪽 잎까지 수놓습니다. 이어서 나무 기둥, 별과 빛을 수놓습니다.
- 집은 지붕, 굴뚝, 몸체 순서로 수놓습니다. 작은 나무의 잎은 스트레이트s 하고 나무 기둥은 백s 합니다.
- 배경과 길을 백s 한 뒤 영문과 프레임을 각각 수놓습니다. 눈은 가장 마지막에 한꺼번에 프렌치 노트s 하여 마무리합니다.

스테인드글라스

유리 조각을 이어 붙여 하나의 그림으로 만드는 스테인드글라스를 모티프로 한 자수입니다.
외곽선이 모두 1가지 색인 것이 포인트입니다.
간단하고 쉬운 기법으로 예쁘게 수놓아 인테리어 소품으로 활용해보세요.

사용한 실　DMC 25번사 :
224, 444, 504, 518, 519, 722, 745, 3012, 3052, 3862

사용한 기법　아우트라인s, 체인s, 새틴s

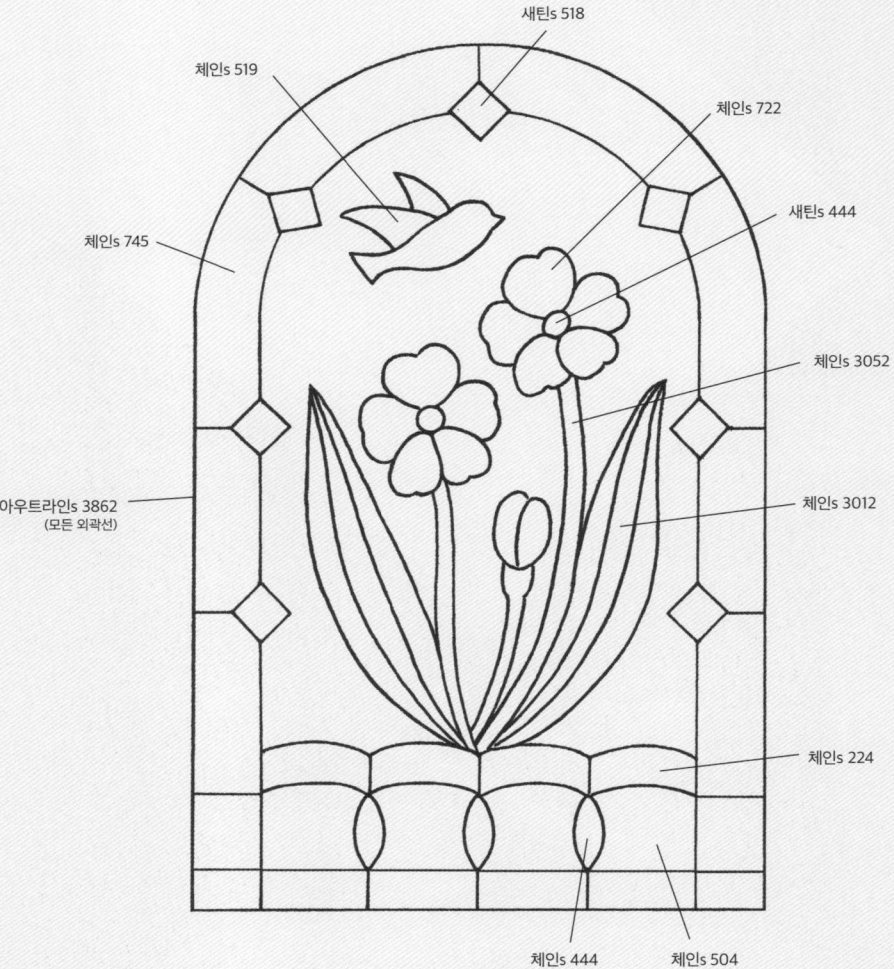

새틴s 518
체인s 722
체인s 519
새틴s 444
체인s 745
체인s 3052
체인s 3012
아우트라인s 3862
(모든 외곽선)
체인s 224
체인s 444
체인s 504

※ 지정 이외는 2가닥으로 수놓습니다.

수놓기

<u>수놓는 순서</u>
꽃술 ▶ 꽃잎 ▶ 줄기 ▶ 잎 ▶ 꽃 아래 첫째 단(224) ▶ 타원형 면(444) ▶ 둘째 단(504) ▶ 새 ▶ 마름모 ▶ 아치형 테두리면

- 모든 외곽선을 3862 1가지 색으로 수놓는 것이 포인트입니다.
- 꽃술과 마름모는 새틴s, 나머지 면은 모두 체인s 합니다.
- 수놓는 순서를 따라 한 부분씩 외곽선을 아우트라인s 한 후, 각각의 색과 스티치로 면을 채웁니다.

레트로 꽃 패턴

RETO FLOWER PATTERN

단순화한 꽃의 모양과 색감, 둘레의 프레임까지 레트로 느낌을 듬뿍 담은 꽃 패턴 자수입니다.
단색으로 수놓은 라벨과 함께 넉넉한 사이즈의 스트링 파우치로 만들어보세요. p.198

사용한 실　　DMC 25번사 :
221, 301, 434, 725, 733, 918, 938, 3776

사용한 기법　　아우트라인s, 체인s, 프렌치 노트s

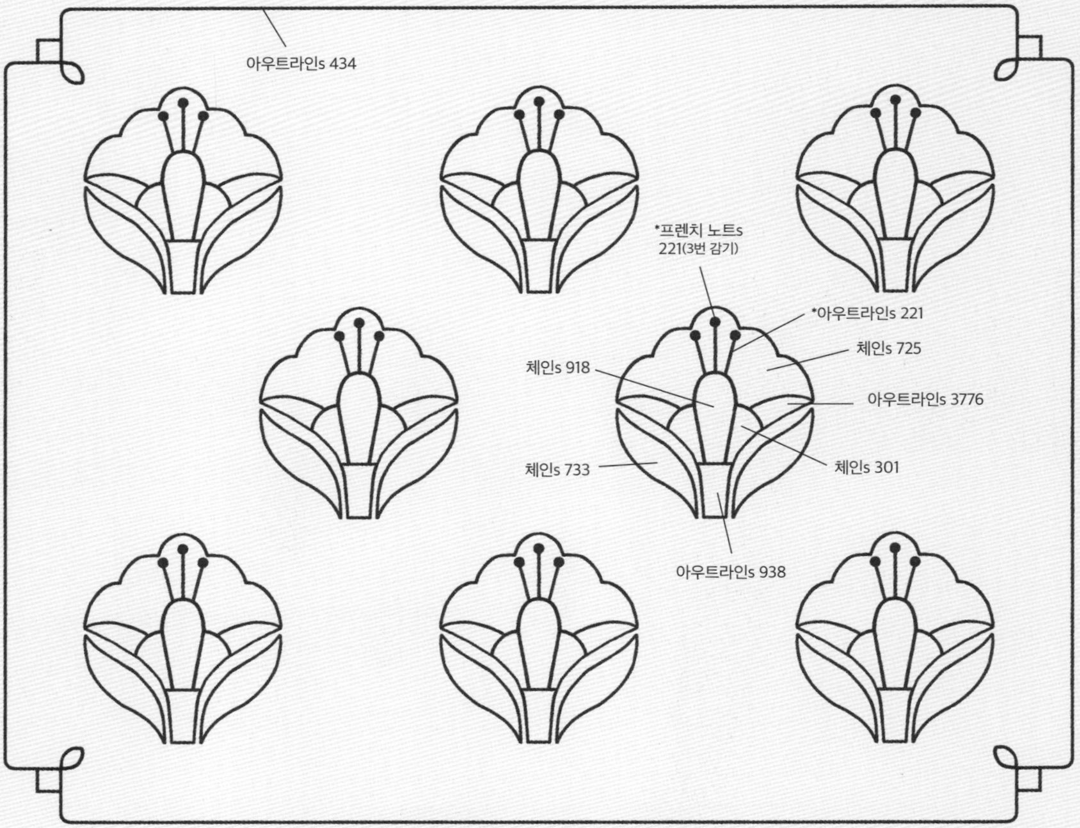

아우트라인s 434

*프렌치 노트s
221(3번 감기)

*아우트라인s 221

체인s 918

체인s 725

아우트라인s 3776

체인s 733

체인s 301

아우트라인s 938

※ 지정 이외는 2가닥으로 수놓습니다.
※ *표시가 있는 스티치는 바탕면을 먼저 채운 후, 그 위에 수놓습니다.

수놓기	**수놓는 순서**

큰 꽃잎(725) ▶ **얇은 꽃잎(3776)** ▶ **꽃받침(918, 301)** ▶ **꽃술** ▶ **줄기** ▶ **잎** ▶ **프레임**

- 큰 꽃잎의 외곽선을 725로 체인s 한 후, 둥근 구간별로 면을 채웁니다. 그 다음 아래쪽에 얇은 꽃잎을 3776으로 아우트라인s 합니다.
- 중앙의 둥근 기둥을 918로 체인s 하고 그 양옆의 꽃받침을 301로 수놓습니다.
- 꽃술을 수놓을 때 꽃술 머리는 가장 마지막에 프렌치 노트s 합니다.
- 줄기를 수놓은 후, 살짝 간격을 두고 잎을 체인s 합니다.
- 프레임은 작은 네모 이외의 부분을 이어서 아우트라인s 한 후, 네모를 따로 수놓습니다.

전통 소품

TRADITIONAL ORNAMENTS

꽃버선, 태극부채, 빨간 자수 복주머니, 노리개.
우리나라의 전통적인 소품을 모아놓은 자수입니다.
깔끔하게 수놓으며 우리 것의 아름다움을 느껴보세요.

사용한 실 DMC 25번사 :
[꽃버선] 03, 349, 760, 798, 913, 3733
[부채] 444, 564, 798, 817, 839, 918
[복주머니] 221, 321, 444, 517, 676, 721, 783, 792, 818, 899, 905, 918, 3826
[새 노리개] 312, 321, 437, 444, 519, 761, 3731
[꽃 노리개] 351, 437, 444, 564, 700, 721, 722, 913, 3824

사용한 기법 아우트라인s, 롱 앤드 쇼트 s, 체인s, 새틴s, 스트레이트s, 레이지데이지s, 프렌치 노트s

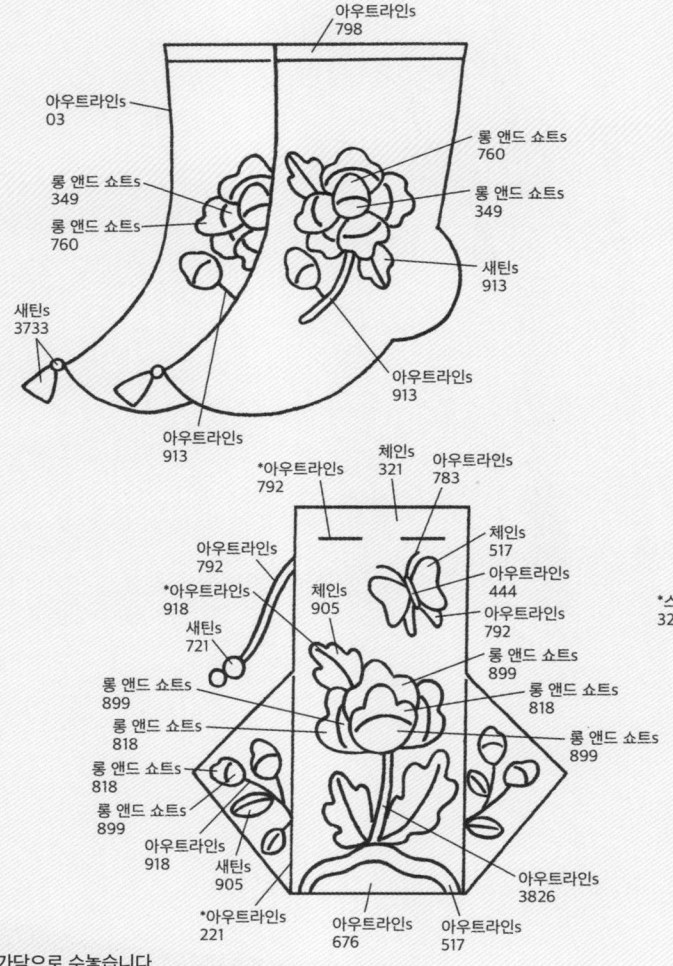

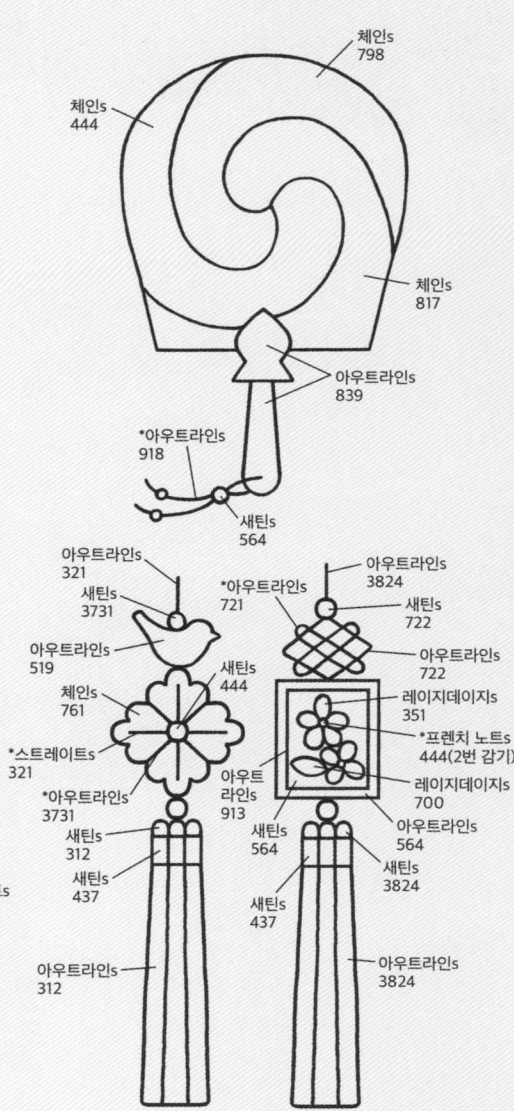

※ 지정 이외는 2가닥으로 수놓습니다.
※ *표시가 있는 스티치는 바탕면을 먼저 채운 후, 그 위에 수놓습니다.

수놓기

◆ 꽃버선

수놓는 순서
꽃, 꽃봉오리 ▶
줄기, 잎 ▶
버선 상단의 얇은 면 ▶
버선 외곽선 ▶
수술

- 꽃잎의 안쪽 면은 349, 바깥쪽 면은 760으로 자연스럽게 이어지도록 롱 앤드 쇼트s 합니다. 줄기를 수놓은 후, 잎은 잎맥을 기준으로 하여 양면을 사선으로 새틴s 합니다.
- 버선 상단의 얇은 면을 수놓고 버선의 외곽선을 아웃라인s 합니다. 그 다음 앞코에 작은 원을 새틴s 한 후, 수술의 결을 살려 고르게 수놓습니다.

◆ 복주머니

수놓는 순서
꽃잎 ▶
줄기, 잎 ▶
아래쪽 굴곡진 면 ▶
나비 ▶
복주머니 직사각형 몸체 ▶
줄 ▶
작은 꽃봉오리 ▶
줄기, 잎 ▶
복주머니 삼각형 몸체

- 큰 꽃의 안쪽 꽃잎은 899, 정면과 양 옆 겉 꽃잎은 818, 899로 자연스럽게 이어지도록 롱 앤드 쇼트s 합니다.
- 줄기를 수놓고 잎을 둥근 구간별로 체인s 한 후, 잎맥을 수놓습니다. 이어서 하단의 굴곡진 면을 각각 아웃라인s 합니다.
- 나비의 몸통을 얇게 아웃라인s 하고 도안을 확인하며 날개와 더듬이를 각각 수놓습니다.
- 직사각형 몸체의 외곽선을 321로 체인s 한 후, 면을 꼼꼼히 채웁니다. 이어서 상단의 줄과 바깥쪽 줄을 792로 아웃라인s 하고 끝에 구슬을 새틴s 합니다.
- 작은 꽃봉오리와 줄기를 수놓고, 잎은 양면을 사선으로 새틴s 합니다.
- 삼각형 몸체를 외곽선, 면 순으로 수놓습니다. 그리고 몸체의 경계선을 221로 아웃라인s 하여 면을 나누어 줍니다.

◆ 부채

수놓는 순서
부채 몸체 ▶
받침대, 손잡이 ▶
줄 장식

- 부채 몸체의 외곽선을 색별로 체인s 한 후, 모양의 흐름을 따라 면을 채웁니다.
- 부채의 받침대와 손잡이를 수놓고, 줄 장식은 손잡이 면 위에 살짝 걸쳐서 아웃라인s 합니다. 이어서 구슬을 새틴s 하여 마무리합니다.

◆ 노리개

수놓는 순서
위 ▶ 아래

- 수술은 머리를 작게 새틴s 하고 그 끝을 감싸듯이 띠를 가로로 수놓습니다. 그리고 빈틈이 없도록 띠의 살짝 안쪽에서 부터 길게 아웃라인s 합니다.

새 노리개

- 끈과 구슬을 수놓은 후, 새의 외곽선을 519로 아웃라인s 하고 그 모양을 따라 면을 채웁니다.
- 꽃모양 조각은 꽃술을 수놓고 꽃잎을 둥근 구간별로 체인s 합니다. 그 위에 X모양을 아웃라인s 하여 면을 나누고, 십자 모양을 스트레이트s 합니다. 이어서 구슬과 수술을 수놓습니다.

꽃 노리개

- 끈과 구슬을 수놓은 후, 매듭장식의 마름모 외곽선을 722로 아웃라인s 합니다. 그 위에 X모양 외곽선을 721로 수놓습니다.
- 꽃잎을 여러 번 레이지데이지s 한 후, 잎을 수놓고 꽃술은 마지막에 프렌치노트s 합니다.
- 사각형의 바탕면을 새틴s 하고 그 외곽선과 테두리면을 각각 수놓습니다. 이어서 구슬과 수술을 수놓습니다.

곰 인형

TEDDY BEAR

빨간 리본을 단 곰 인형 자수입니다.
둘레에 분홍색 리본을 하트 모양으로 둘러 사랑스러운 느낌을 더했습니다.
테두리를 블랭킷 스티치로 마무리하여 빈티지 파우치로 만들어 예쁘게 활용해보세요. p.201

사용한 실 DMC 25번사 :
151, 310, 321, 349, 434, 435, 436, 437, 470, 554, 702, 726, 760, 761, 818, 938, 3350, 3354, 3733

사용한 기법 아우트라인s, 체인s, 스트레이트s, 새틴s, 더블 레이지데이지s, 레이지데이지s, 프렌치 노트s, 리프s, 백s

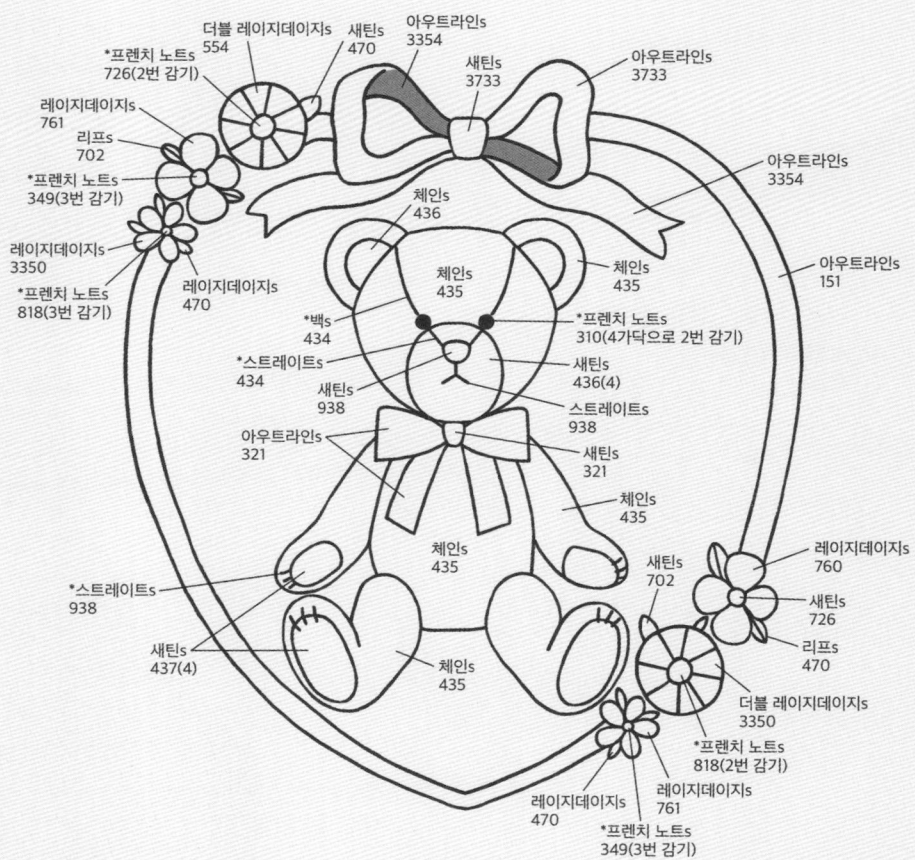

※ 지정 이외는 2가닥으로 수놓습니다.
※ *표시가 있는 스티치는 바탕면을 먼저 채운 후, 그 위에 수놓습니다.

수놓기

수놓는 순서

머리, 귀 ▶ 곰 리본 ▶ 몸통 ▶ 다리, 팔 ▶ 리본 ▶ 꽃 ▶ 하트모양 둘레 리본

◆ 곰 머리, 귀
- 코와 입을 수놓은 후, 코 위쪽의 짧은 봉제 선을 비워두고 436 4가닥으로 주둥이 면을 새틴s 합니다.
- 얼굴 바탕면도 눈 윗부분의 봉제 선을 비워두고 외곽선의 모양을 따라 435로 둥글게 체인s 합니다. 그 위에 얼굴과 코의 봉제 선을 434로 각각 백s, 스트레이트s 합니다.
- 귀의 안쪽 면, 바깥쪽 면 순으로 수놓고, 눈은 마지막에 310 4가닥으로 2번 감아 프렌치 노트s 합니다.

◆ 곰 리본
- 리본의 양 날개를 아웃라인s 한 후, 그 끝이 보이지 않도록 감싸듯이 매듭을 세로로 새틴s 합니다. 이어서 리본 꼬리를 길게 수놓습니다.

◆ 곰 몸통, 다리, 팔
- 몸통의 외곽선 모양을 따라 둥글게 체인s 합니다. 이어서 발바닥을 새틴s 하고 다리를 체인s 합니다. 팔도 같은 순서로 수놓은 후, 봉제 선을 발바닥과 발에 걸쳐서 938로 짧게 스트레이트s 합니다.

◆ 리본
- 리본 양 날개의 바깥쪽 면은 3733, 안쪽 면은 3354로 각각 아웃라인s 합니다. 그 끝이 보이지 않도록 감싸듯이 매듭을 세로로 새틴s 합니다. 이어서 꼬리 부분의 곡선을 살려 아웃라인s 합니다.

◆ 꽃, 하트 모양 둘레 리본
- 위, 아래의 꽃은 모양과 스티치는 같지만 (하단 첫 번째 꽃술 제외) 색은 각각 다릅니다. 잘 구분하여 수놓습니다.
- 둥근 꽃은 꽃술을 중심으로 외곽선을 따라 더블 레이지데이지s 한 후, 꽃잎 사이의 남은 면을 고르게 더 채웁니다. 꽃술은 면이 꽉 차도록 여러 번 프렌치 노트s 하고, 잎을 수놓습니다.
- 나머지 꽃은 꽃술을 수놓은 후, 꽃잎을 레이지데이지s 하고 잎을 각각 수놓습니다.
- 꽃, 리본과 빈틈이 없도록 하트모양 리본을 151로 아웃라인s 하여 마무리합니다.

꽃밭 캠코더

FLOWER GARDEN CAMCORDER

90년대에는 비디오테이프를 넣은 캠코더로 녹화하는 홈비디오가 유행이었습니다.
그 캠코더 화면을 모티프로 한 자수입니다.
꽃밭을 찍고 있는 화면 하단에 날짜와 시간을 깔끔하게 수놓아 레트로 감성을 더해보세요.

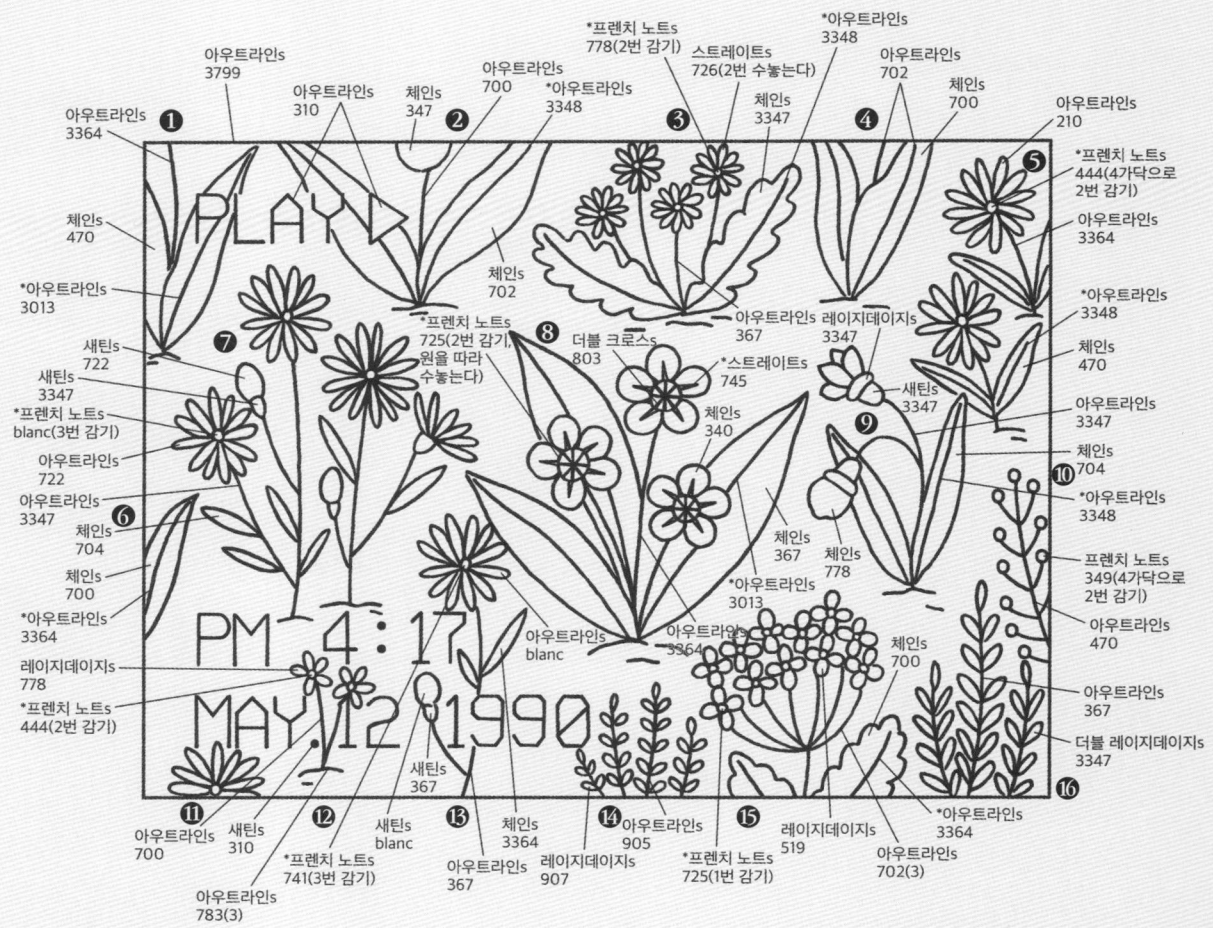

수놓기

수놓는 순서

영문, 기호, 숫자 ▶ 첫째 줄(1~5) ▶ 둘째 줄(6~10) ▶ 셋째 줄(11~16) ▶ 화면 외곽선

- 상단과 하단의 영문, 기호, 숫자를 310으로 촘촘히 아우트라인s 하고, 점은 새틴s 합니다.
- 꽃은 모두 가로 3줄로 구성되어 있습니다. 도안에 표시된 1~16까지 차례대로 차근차근 수놓습니다.
- 프렌치 노트s는 마지막에 한꺼번에 수놓는 것이 좋습니다.
- 흙은 783 3가닥으로 아우트라인s 합니다. 꽃마다 각각 수놓아도 되고 한꺼번에 수놓아도 됩니다. 마지막으로 화면 외곽선을 3799로 아우트라인s 하여 완성합니다.

◆ 첫째 줄(❶~❺)

- 1, 2, 4 : 꽃과 줄기를 수놓은 후, 잎을 체인s 하고 그 위에 잎맥을 아우트라인s 합니다.
- 3 : 꽃잎을 726으로 2번 겹쳐서 스트레이트s 한 후, 줄기를 수놓습니다. 이어서 잎의 볼록한 구간마다 사선으로 체인s 하고 그 위에 잎맥을 아우트라인s 합니다. 꽃술은 마지막에 수놓습니다.
- 5 : 꽃잎의 외곽선을 따라 210으로 2번 아우트라인s 합니다. 이어서 줄기와 잎을 각각 수놓고 그 위에 잎맥을 아우트라인s 합니다. 꽃술은 마지막에 수놓습니다.

◆ 둘째 줄(❻~❿)

- 6 : 잎을 체인s 하고 그 위에 잎맥을 아우트라인s 합니다.
- 7 : 꽃잎의 외곽선을 따라 722로 2번 아우트라인s 합니다. 줄기를 수놓고 그 끝에 꽃받침을 새틴s 합니다. 이어서 꽃봉오리와 잎을 각각 수놓고 꽃술은 마지막에 프렌치 노트s 합니다.
- 8 : 꽃잎을 체인s 하고, 그 위에 745로 바깥쪽 끝만 뾰족하게 모이도록 2번 스트레이트s 합니다. 이어서 꽃의 중앙을 더블 크로스s 한 후, 725로 원을 따라 프렌치 노트s 합니다. 그 다음 줄기와 잎을 각각 수놓고 그 위에 잎맥을 아우트라인s 합니다.
- 9 : 꽃잎과 꽃봉오리를 각각 체인s 한 후, 꽃받침의 윗면은 레이지데이지s, 아랫면은 새틴s 합니다. 이어서 줄기와 잎을 각각 수놓고 그 위에 잎맥을 아우트라인s 합니다.
- 10 : 줄기를 아우트라인s 한 후, 열매를 프렌치 노트s 합니다.

◆ 셋째 줄(⓫~⓰)

- 11, 13 : 꽃잎의 외곽선을 따라 blanc으로 2번 아우트라인s 합니다. 줄기를 수놓고 그 끝에 꽃받침을 새틴s 합니다. 이어서 꽃봉오리와 잎을 각각 수놓고 꽃술은 마지막에 프렌치 노트s 합니다.
- 12 : 꽃잎을 레이지데이지s 하고 줄기를 수놓습니다. 꽃술은 마지막에 프렌치 노트s 합니다.
- 14, 16 : 줄기를 아우트라인s 한 후, 잎을 수놓습니다.
- 15 : 꽃잎의 면을 2번씩 레이지데이지s 한 후, 줄기를 아우트라인s 합니다. 이어서 잎의 볼록한 구간마다 사선으로 체인s 하고 그 위에 잎맥을 아우트라인s 합니다. 꽃술은 마지막에 프렌치 노트s 합니다.

WORK

소품 만드는 방법

공그르기

이 책에서 바느질로 만드는 모든 소품에 사용된 기법으로 실이 겉으로 보이지 않게 꿰매는 바느질 법입니다. 원단과 같은 색 실을 사용합니다.
타자기, 재봉틀, 전화기, 전등, 라디오와 카세트테이프, 한복 저고리, 레트로 꽃 패턴, 곰 인형을 만들기 전에 익혀보세요.

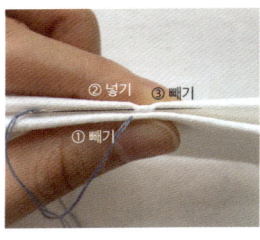

1. 매듭을 숨기기 위해 시접 안쪽으로 바늘을 빼냅니다. ②는 ①의 맞은편 같은 위치에 넣습니다.

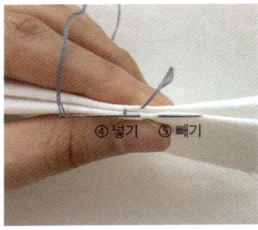

2. ③의 맞은편에 바늘을 넣습니다. 일정한 간격으로 윗면과 아랫면을 번갈아 가며 ④, ⑤를 반복합니다.

타자기, 재봉틀, 전화기, 전등 오너먼트

준비물 자수 원단, 뒤판 원단, 면 라벨 테이프(폭 2cm), DMC 25번사 894, 414, 517, 끈(DMC 펄코튼 5번사 894, 414, 517), 재봉실, 바늘, 가위

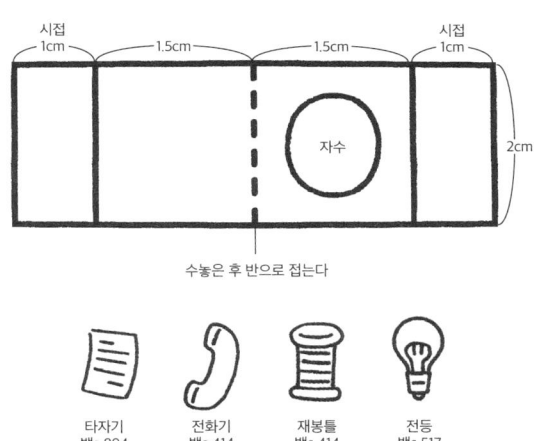

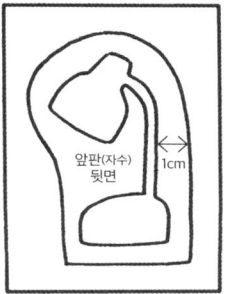

3. 앞판(자수)의 뒷면에 자수의 모양을 따라 약 1cm 간격으로 완만하게 완성선을 그린 후 시접을 두고 재단합니다. 같은 크기로 뒤판 원단을 준비합니다.

1. 폭 2cm의 면 라벨 테이프를 재단합니다. 재단한 라벨의 '자수' 위치에 각 자수 도안을 옮겨 그리고 실 2가닥으로 선만 백s 합니다.

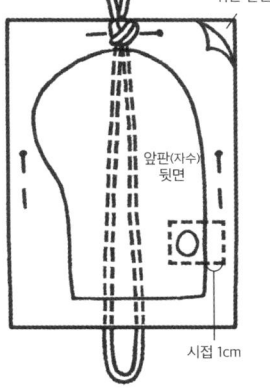

4. 앞판(자수)과 뒤판을 겉면이 마주보게 겹친 후, 그 사이에 끈과 라벨을 넣고 시침핀으로 고정합니다. 끈은 위쪽 중앙에 매듭이 완성선 밖으로 나오도록 거꾸로 넣습니다. 라벨은 반으로 접어 자수끼리 마주보도록 안쪽을 향하게 넣고 완성선에 맞춥니다.

2. 끈(DMC 펄코튼 5번사)을 원하는 길이만큼 재단한 후, 반으로 접어 매듭을 크게 짓습니다. (타자기-894, 전화기, 재봉틀-414, 전등-517)

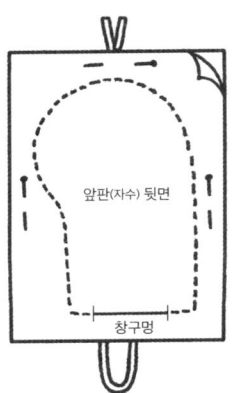

5. 그림에 표시한 직선인 부분을 창구멍으로 남겨두고 전체를 촘촘히 홈질합니다.

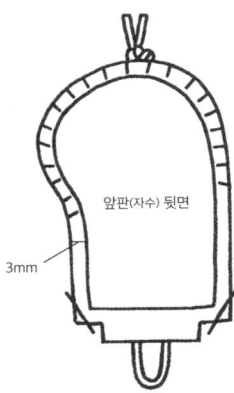

6. 창구멍을 제외한 시접을 약 3mm 간격으로 자릅니다. 모서리는 사선으로 자르고 곡선 부분은 가위집을 냅니다. 이때 끈을 자르지 않도록 유의합니다.

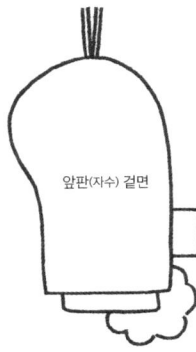

7. 창구멍으로 뒤집고 막대를 넣어 모양을 잡은 후 다림질을 합니다. 그리고 좁은 부분부터 솜을 채워 넣습니다.

8. 창구멍 안쪽으로 시접을 접어 넣고 공그르기(p.186)를 합니다.

라디오와 카세트테이프 열쇠고리

준비물   자수 원단, 뒤판 원단, 면 라벨 테이프(폭 1cm), 퀼팅 솜(납작한 솜), 열쇠고리, 재봉실, 바늘, 가위

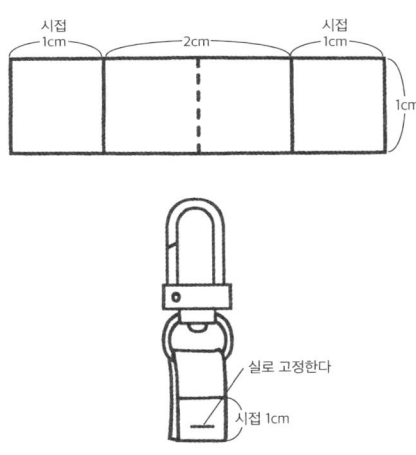

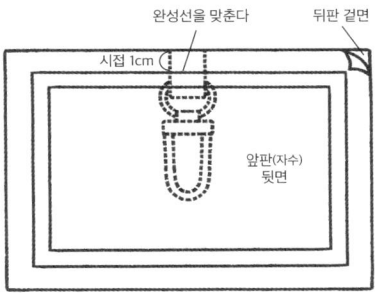

3. 앞판(자수)과 뒤판을 겉면이 마주보게 겹치고 그 사이에 열쇠고리를 넣습니다. 위쪽 중앙에 열쇠고리가 안쪽으로 향하도록 넣고 완성선에 맞춥니다.

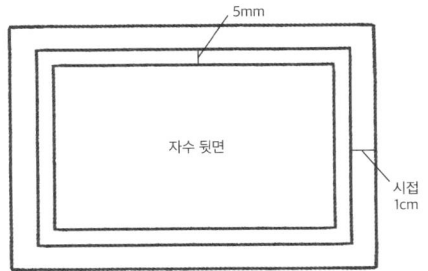

1. 면 라벨 테이프를 재단하고 열쇠고리에 걸어서 반으로 접습니다. 그리고 시접 끝부분을 재봉실로 한 땀 떠 고정시킵니다.

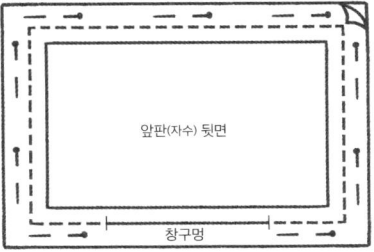

2. 자수의 뒷면에 자수의 외곽선과 약 5mm 간격으로 직선을 그어 재단합니다. 뒤판도 같은 크기로 준비합니다.

4. 시침핀으로 고정한 후, 창구멍을 제외한 전체를 촘촘히 홈질합니다.

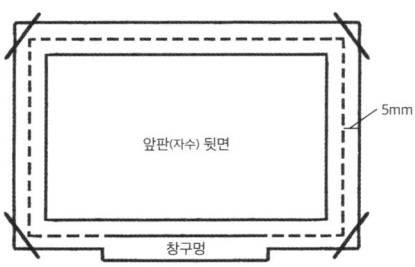

5. 창구멍을 제외한 시접을 약 5mm 간격으로 자르고 모서리 부분은 사선으로 자릅니다.

7. 창구멍 안쪽으로 시접을 접어 넣고 공그르기(p.186)를 합니다.

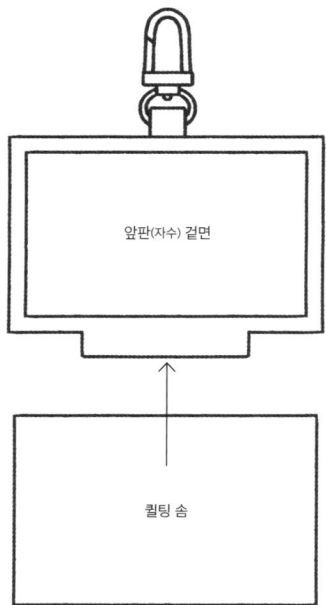

6. 창구멍으로 뒤집은 후 막대를 넣어 모양을 잡고 다림질을 합니다. 그리고 재봉한 원단보다 조금 작은 크기로 퀼팅 솜을 잘라 원단 안에 넣습니다. 모서리 부분부터 넣은 후 주름지지 않게 잘 펴줍니다.

롤러스케이트, 롤리팝, 하트선글라스, 아이스크림 블랭킷 와펜

준비물   자수 원단, 펠트지(자수보다 연한 색), 바늘, 가위, DMC 25번사 353, 564, 818, blanc

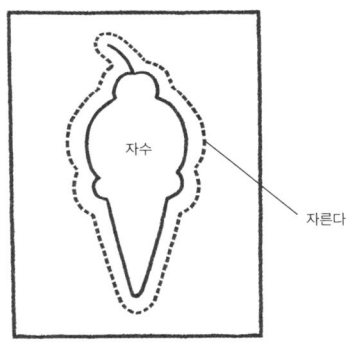

1. 자수를 완성한 후, 도안의 가장 바깥쪽 테두리 선을 따라 원단을 자릅니다. 절단면에 올풀림 방지액을 바르면 작업하기가 더 수월합니다.

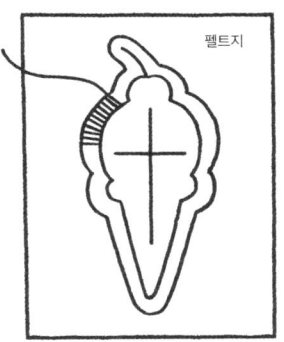

3. 자수 원단과 펠트지의 테두리를 촘촘히 블랭킷s(p.192 참고) 한 후, 고정한 실을 제거합니다. (아이스크림-818, 롤러스케이트-564, 선글라스-blanc, 롤리팝-353)

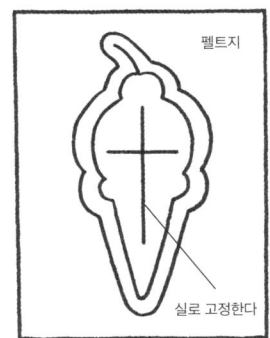

2. 펠트지 위에 자수를 올리고 실로 땀을 넓게 떠 고정시킵니다.

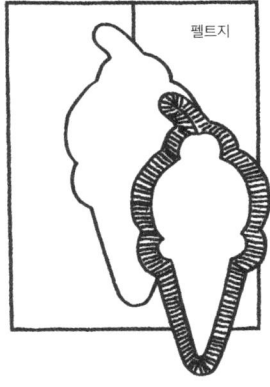

4. 자수실을 자르지 않도록 유의하며 여분의 펠트지를 자릅니다.

겹친 원단 테두리에 블랭킷 스티치하기

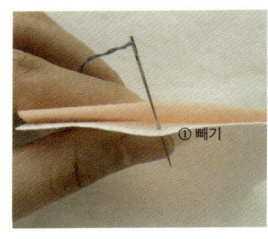

1. 매듭을 숨기기 위해 원단 사이로 바늘을 넣어 앞면으로 빼냅니다.

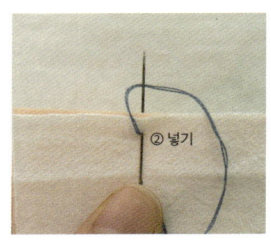

2. ① 옆에 간격 없이 바늘을 원단 2장에 넣은 후, 실을 걸고 빼냅니다.

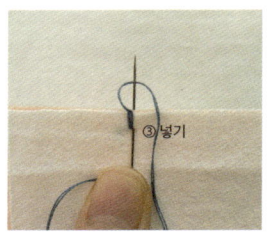

3. ② 옆에 간격 없이 바늘을 넣은 후, 실을 걸고 빼냅니다. ③을 반복하여 전체 테두리를 둘러줍니다.

테두리 원단 정리하기

레트로 유리컵, 게임기, 문방구 불량식품, 어린 시절, 레트로 모티프, 블랭킷 코바늘 모티프, 레트로 사계절 로고 자수를 완성한 후 테두리 원단을 정리해 와펜과 티코스터를 만듭니다. 그리고 자수의 뒷면에 브로치와 마그넷을 붙여 다양하게 활용할 수 있습니다.

준비물 자수 원단, 펠트지(자수보다 연한 색), 가위, 목공용 풀

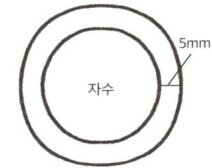

1. 자수를 완성한 후, 자수의 모양을 따라 둘레 여분의 원단을 약 5mm 간격으로 자릅니다.

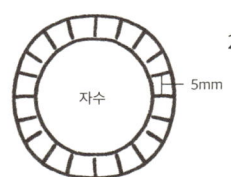

2. 둘레 원단을 약 5mm 간격으로 가위집을 냅니다. 폭이 좁고 경사가 급한 부분은 더 촘촘히 자릅니다.

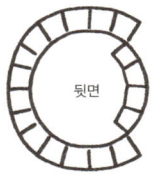

3. 자수의 뒷면 쪽에서 가위집을 낸 원단에 목공용 풀을 바르고 1조각씩 접어 뒷면에 붙입니다.

4. 자수의 뒷면 둘레에 목공용 풀을 바르고 펠트지를 붙인 후, 자수의 모양대로 자릅니다.

한복 저고리 핀쿠션

> 수술 만들기

준비물 두꺼운 종이, 가위, DMC 25번사 151, 211, 3325

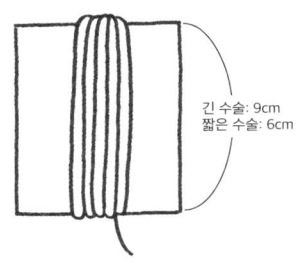

1. 두꺼운 종이를 긴 수술용 9cm, 짧은 수술용 6cm로 자릅니다. 그리고 DMC 25번사를 가르지 않고 6가닥을 감습니다. 9cm에는 3325(흰색 꽃 저고리), 211(보라색 꽃 저고리)을 13회 정도 감고 6cm에는 151(분홍 꽃 저고리)을 10회 정도 감습니다.

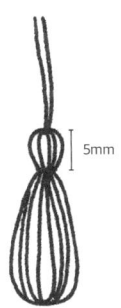

3. 실타래를 반으로 접어 윗부분 약 5mm 지점을 같은 색 실 1가닥으로 3, 4회 정도 단단히 감아 2번 묶습니다. 묶은 실은 자르지 않고 실타래와 함께 아래로 내립니다.

2. 종이를 빼고 실타래의 가운데를 같은 색 실 1가닥으로 묶습니다. 바느질이 가능할 정도로 넉넉한 길이의 실로 2번 묶고 자르지 않습니다.

4. 실타래의 아래쪽 고리 부분을 모두 자른 후, 원하는 길이로 가지런히 잘라 정리합니다.

핀쿠션 만들기

준비물 자수 원단, 뒤판 원단, 재봉실, 바늘, 가위, 수술(사각 핀쿠션 4개, 반달 핀쿠션 1개)

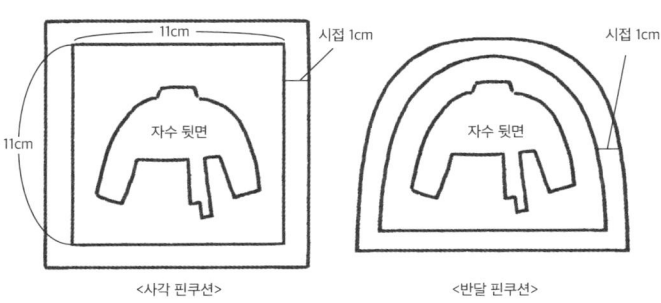

1. 사각 핀쿠션은 자수 원단의 뒷면에 자수가 중앙에 오도록 재단하고 같은 크기로 뒤판 원단을 준비합니다. 반달 핀쿠션은 자수의 모양을 따라 윗부분은 둥글고 아랫부분은 직선인 모양으로 완성선을 그려 재단합니다. 그리고 같은 크기의 뒤판 원단을 준비합니다.

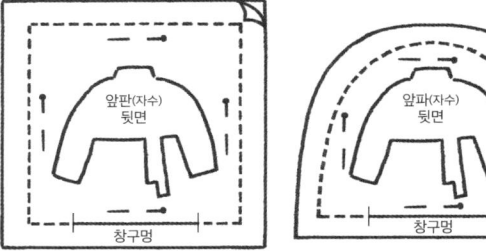

3. 창구멍을 제외한 전체 완성선을 촘촘히 홈질합니다.

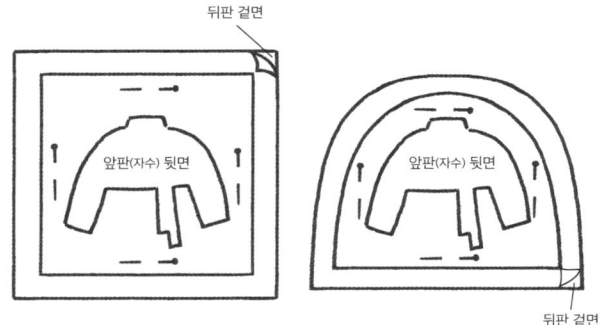

2. 앞판(자수)과 뒤판을 겉면이 마주보게 겹친 후 시침핀으로 고정합니다.

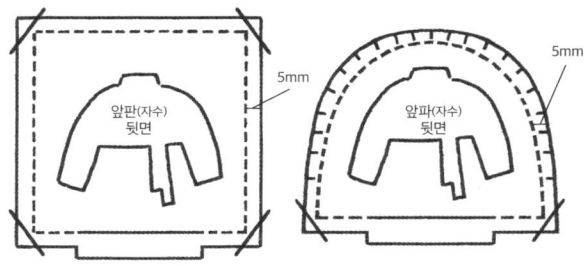

4. 창구멍을 제외한 시접을 약 5mm 간격으로 자르고 모서리 부분은 사선으로 자릅니다. 반달 핀쿠션의 둥근 부분 시접은 가위집을 냅니다.

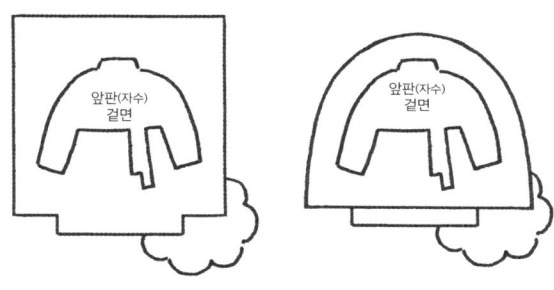

5. 창구멍으로 뒤집은 후 막대를 넣어 모양을 잡아주고 다림질합니다. 그리고 좁은 부분부터 솜을 빵빵하게 채워 넣습니다.

6. 창구멍 안으로 시접을 접어 넣고 공그르기(p.186)를 합니다.

7. 사각 핀쿠션은 각 모서리에 4개, 반달 핀쿠션은 한쪽 모서리에 1개의 수술(p.193)을 달아줍니다. 수술의 여분 실을 바늘에 꿰어서 모서리에 짧은 땀으로 2번 통과시킵니다. 매듭을 짓고 바늘을 쿠션의 안쪽으로 찔러 넣어 반대편으로 빼냅니다. 매듭이 쿠션 안쪽으로 들어갈 때까지 실을 당긴 후 자릅니다.

빈티지 케이크 새틴 와펜

준비물　자수 원단, 펠트지(자수보다 연한 색), 바늘, 가위, DMC 25번사 745, ecru

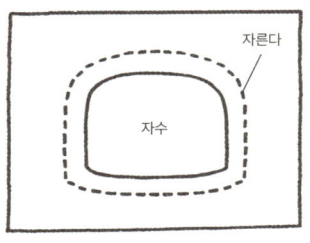

1. 자수를 완성한 후, 도안의 가장 바깥쪽 테두리 선을 따라 원단을 자릅니다. 절단면에 올풀림 방지액을 바르면 작업하기가 더 수월합니다.

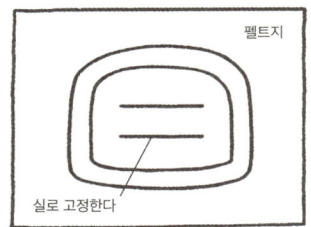

2. 펠트지 위에 자수를 올린 후 실로 땀을 넓게 떠서 고정시킵니다.

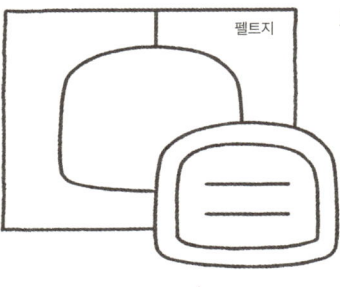

3. 자수 원단을 따라 펠트지를 자릅니다.

4. 테두리를 간격 없이 촘촘히 새틴s 한 후, 고정한 실을 제거합니다. (생일 케이크 - 745, 체리, 딸기 케이크 - ecru)

겹친 원단 테두리에 새틴 스티치하기

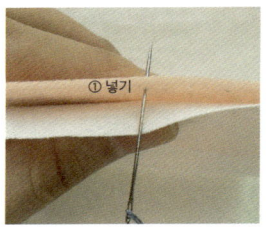

1. 매듭을 숨기기 위해 원단 사이로 바늘을 넣어 뒷면으로 빼냅니다.

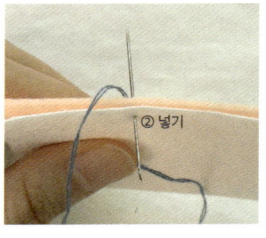

2. 실을 위쪽으로 둘러 바늘을 원단 2장에 넣습니다.

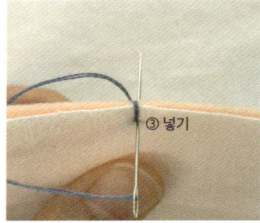

3. 실을 위쪽으로 둘러 ②의 옆에 간격 없이 바늘을 넣습니다. ③을 반복하여 전체 테두리를 둘러줍니다.

픽셀아트 브로치

준비물 자수 원단, 두꺼운 종이(하드보드지), 퀼팅 솜(납작한 솜), 목공용 풀, 바늘, 재봉실, 글루건(본드), 가위

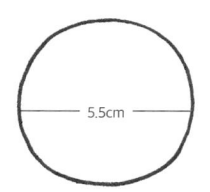

1. 두꺼운 종이에 지름 약 5.5cm의 원을 그린 후 잘라 틀을 만듭니다.

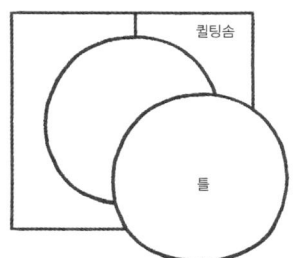

2. 틀의 가장자리에 목공용 풀을 얇게 발라 퀼팅 솜을 붙입니다. 그 다음 틀을 따라 솜을 자릅니다.

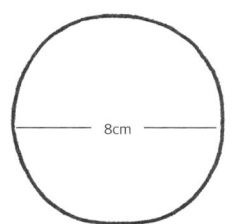

3. 자수가 중앙에 오도록 지름 약 8cm의 원을 그리고 자릅니다.

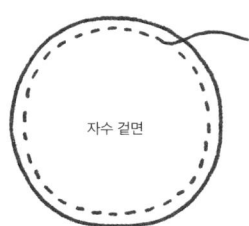

4. 자수의 겉면 쪽에서 둘레를 홈질합니다. 실은 매듭짓지 않고 그대로 겉으로 빼냅니다.

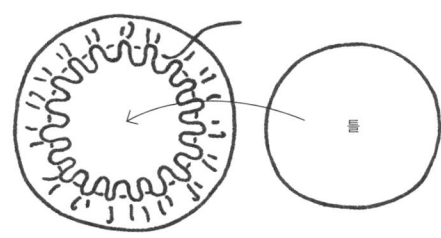

5. 실을 적당히 당겨 원단이 오목한 형태가 되면 틀의 솜이 안쪽으로 향하도록 넣습니다.

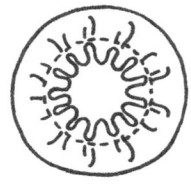

6. 실을 세게 잡아당겨 조이면서 자수가 틀의 중앙에 오도록 위치를 잘 잡은 후, 단단히 매듭을 짓습니다.

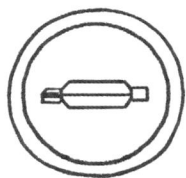

7. 뒷면에 펠트지를 동그랗게 잘라 붙이고 중앙에 글루건이나 본드로 브로치를 붙입니다.

레트로 꽃 패턴 스트링 파우치

준비물 자수 원단, 뒤판 원단, 안감 원단 2장, 면 라벨 테이프 2가지(폭 3.5cm, 1.5cm), DMC 25번사 938, 재봉실, 바늘, 가위

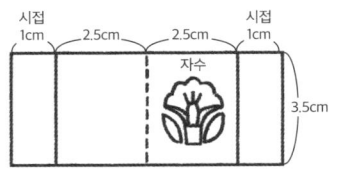 

〈라벨 자수 도안〉

1. 폭 3.5cm의 면 라벨 테이프를 재단하고 '자수' 위치에 라벨 자수 도안을 옮겨 그립니다. 938 2가닥으로 선만 백s 한 후, 라벨을 반으로 접어 준비합니다.

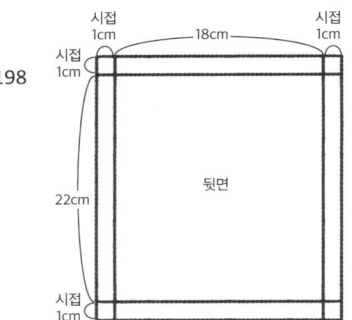

2. 앞판(자수)과 안감, 뒤판과 안감을 모두 같은 크기로 뒷면 쪽에서 재단합니다.

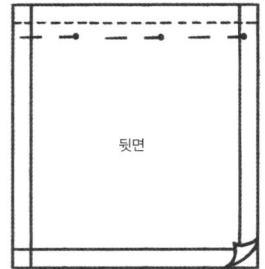

3. 앞판(자수)과 안감, 뒤판과 안감을 각각 겉면이 마주보게 겹칩니다. 그 다음 시침핀으로 고정한 후, 윗부분의 완성선을 따라 박음질합니다.

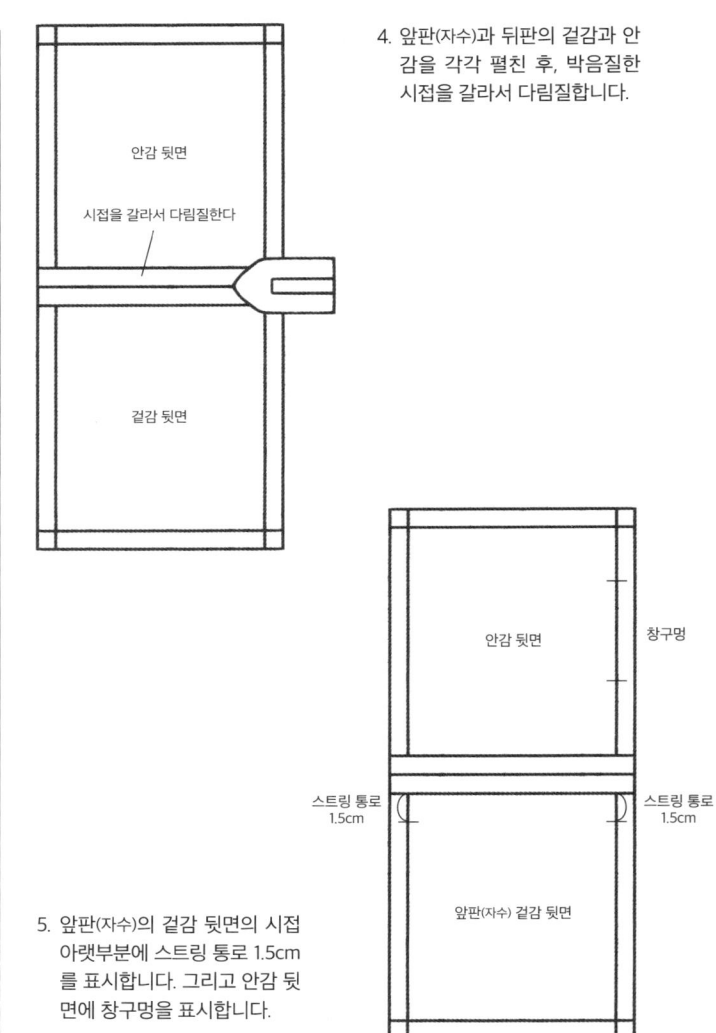

4. 앞판(자수)과 뒤판의 겉감과 안감을 각각 펼친 후, 박음질한 시접을 갈라서 다림질합니다.

5. 앞판(자수)의 겉감 뒷면의 시접 아랫부분에 스트링 통로 1.5cm를 표시합니다. 그리고 안감 뒷면에 창구멍을 표시합니다.

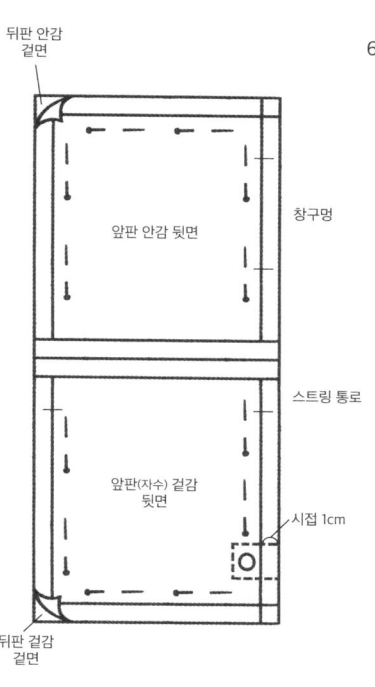

6. 펼친 앞판(자수)과 뒤판의 겉면이 마주보게 겹칩니다. 그 사이의 겉감 옆쪽에 라벨을 자수끼리 마주보도록 안쪽으로 향하게 넣고 완성선에 맞춥니다. 그리고 전체를 시침핀으로 고정합니다.

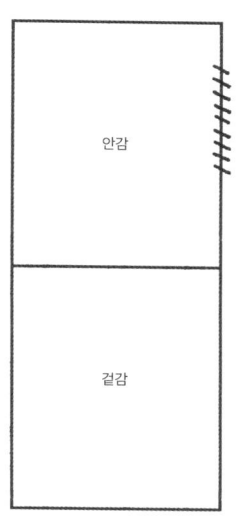

8. 모서리 부분의 시접을 짧게 자르고 창구멍으로 뒤집습니다. 그리고 창구멍 시접을 안쪽으로 접어 넣고 공그르기(p.186)를 합니다.

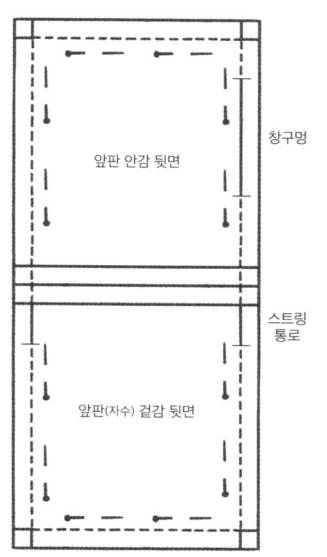

7. 창구멍과 스트링 통로를 제외한 전체 둘레를 박음질합니다.

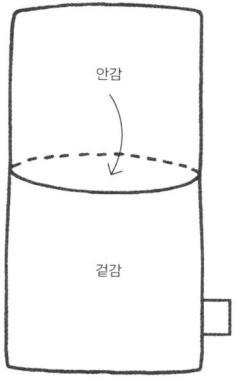

9. 겹쳐진 앞판과 뒤판을 벌려서 겉감 안으로 안감을 넣습니다. 그리고 모양을 정리한 후 다림질합니다. 이때 자수 부분에 직접적으로 열이 닿지 않도록 유의합니다.

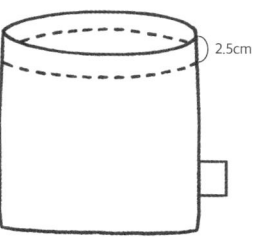

10. 스트링 통로의 아래쪽을 2.5cm 간격으로 빙 둘러 박음질합니다.

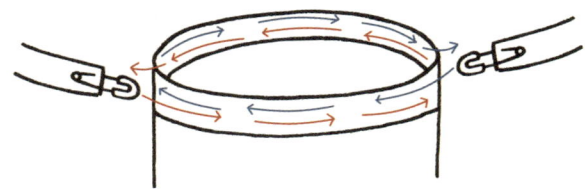

11. 스트링 통로에 폭 1.5cm의 면 라벨 테이프를 넣습니다. 먼저 넉넉한 길이의 면 라벨 테이프 끝에 옷핀을 꽂습니다. 그리고 한쪽 통로 구멍에 넣어 한 바퀴를 둘러서 같은 방향으로 빼냅니다. 반대편도 같은 방법으로 끈을 넣습니다.

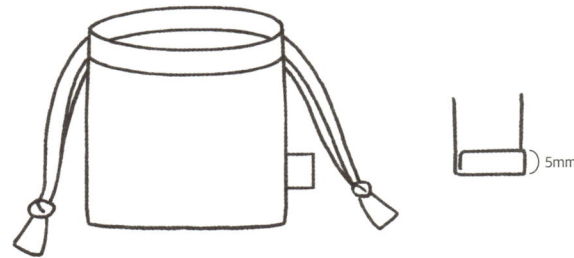

12. 양쪽 끈의 길이를 맞춰 매듭을 짓습니다. 그리고 끝부분을 약 5mm 간격으로 2번 접어 홈질하거나, 열접착심지를 얇게 붙이고 다림질하여 마무리합니다.

곰 인형 뚜껑 파우치

준비물 자수 원단, 뒤판 원단, 안감 원단 2장, 바늘, 가위, 재봉실, DMC 25번사 224

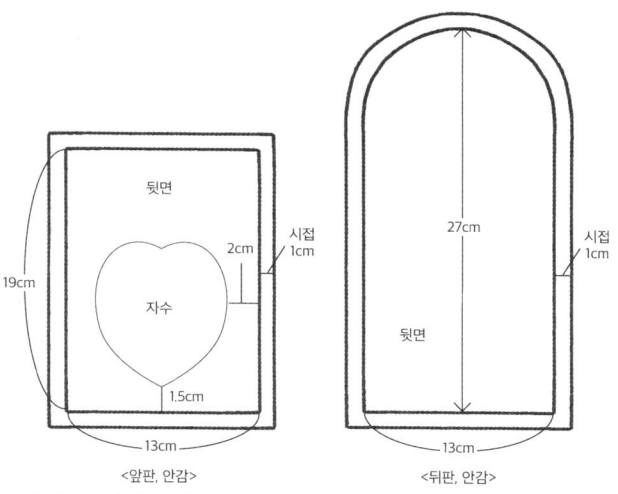

1. 앞판(자수)과 안감, 뒤판과 안감을 뒷면 쪽에서 재단합니다. 앞판은 자수의 양옆 부분이 2cm, 아랫부분이 1.5cm가 되도록 합니다.

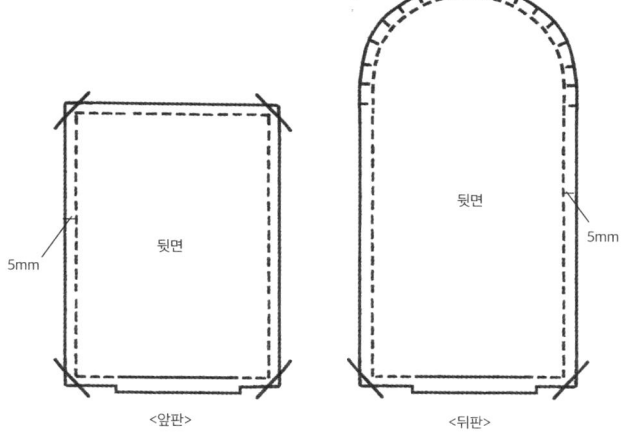

3. 창구멍을 제외한 시접을 약 5mm 간격으로 자릅니다. 모서리는 사선으로 자르고 뚜껑의 둥근 부분은 가위집을 냅니다.

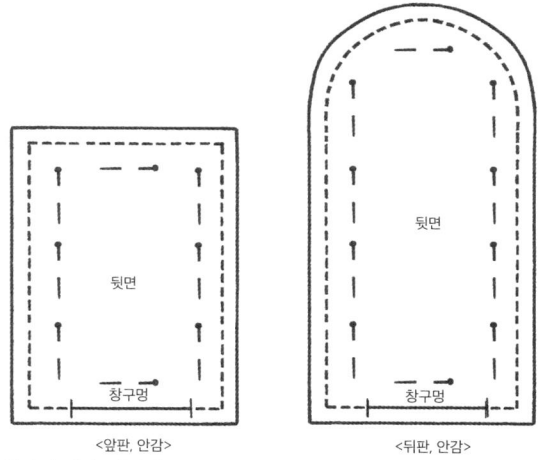

2. 앞판과 안감, 뒤판과 안감을 각각 겉면이 마주보게 맞대어 시침핀으로 고정합니다. 그리고 창구멍을 제외한 전체를 박음질하고 뒤판의 둥근 뚜껑 부분은 홈질합니다.

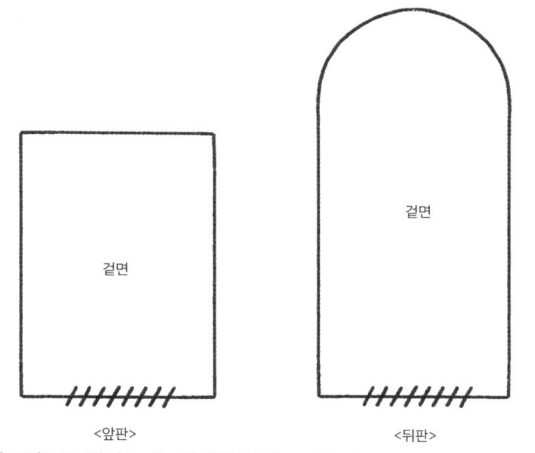

4. 창구멍으로 뒤집은 후, 막대를 넣어 모양을 잡고 다림질합니다. 그리고 창구멍 안으로 시접을 접어 넣고 공그르기(p.186)를 합니다.

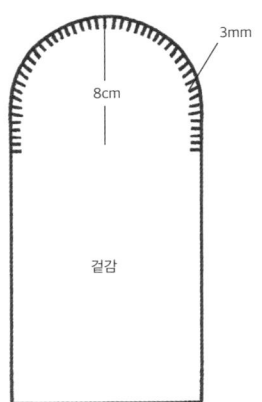

5. 뚜껑 8cm 정도의 둘레를 겉감 쪽에서 약 3mm 간격으로 블랭킷s 합니다.

7. 앞판 쪽에서 양옆과 아래쪽 둘레를 약 3mm 간격으로 블랭킷s 합니다.
(p.192 '겹친 원단 테두리에 블랭킷 스티치하기' 참고)

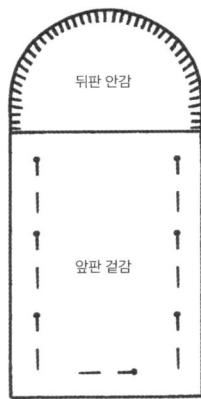

6. 앞판과 뒤판의 안감이 마주보도록 아랫단에 맞춰서 겹친 후 시침핀으로 고정합니다.

8. 뚜껑 부분을 접어 내리고 다림질을 합니다.

little things

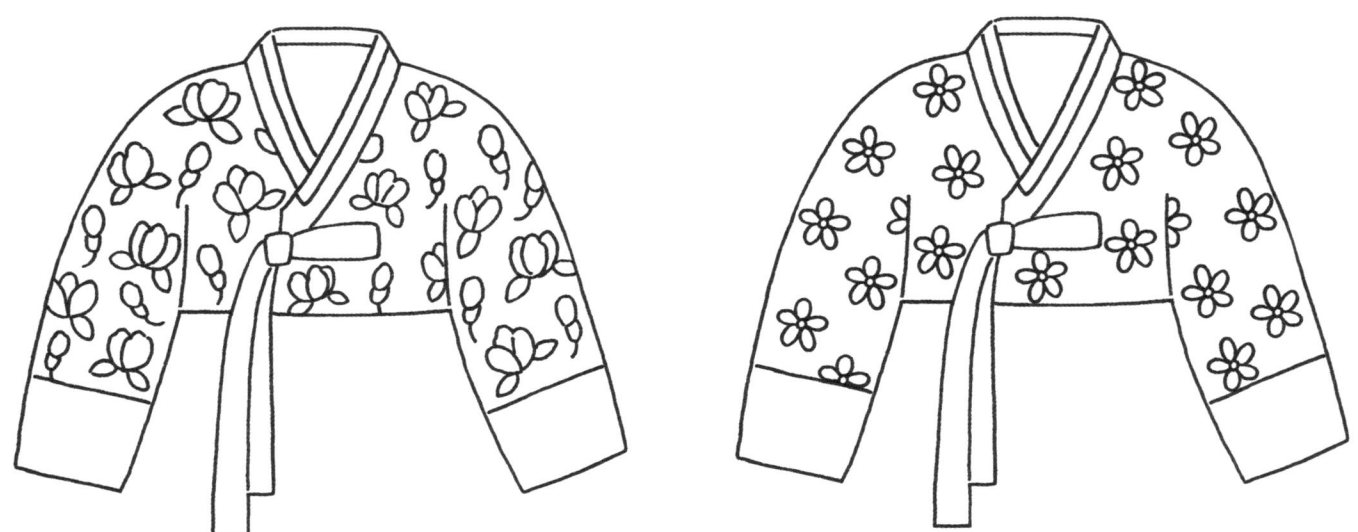
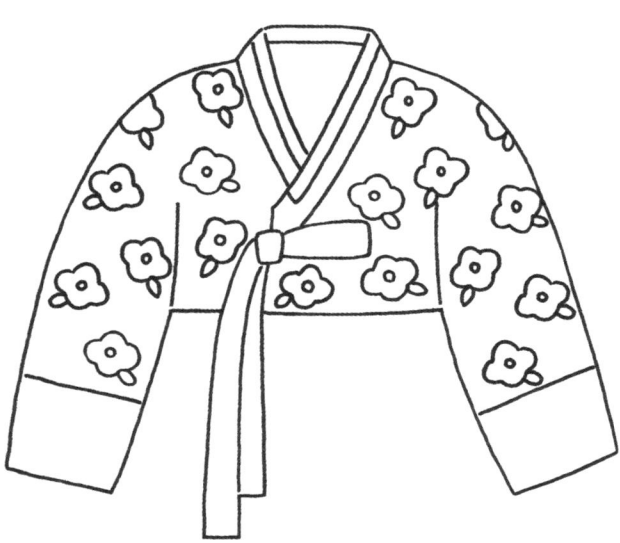

달눈의 레트로 감성 자수

1판 1쇄 인쇄	2021년 3월 12일
1판 1쇄 발행	2021년 3월 22일
지은이	노지혜
펴낸이	김기옥
실용본부장	박재성
편집 실용 2팀	이나리, 손혜인
영업·마케팅	김선주
커뮤니케이션 플래너	서지운
지원	고광현, 김형식, 임민진
디자인	onmypaper
인쇄·제본	민언 프린텍

펴낸곳　　　　한스미디어(한즈미디어(주))
주소 121-839 서울시 마포구 양화로 11길 13(서교동, 강원빌딩 5층)
전화 02-707-0337 | 팩스 02-707-0198 | 홈페이지 www.hansmedia.com
출판신고번호 제313-2003-227호 | 신고일자 2003년 6월 25일

ISBN　　　　979-11-6007-588-5 13630

이 책은 저작권법에 따라 보호받는 저작물이므로 무단 전재와 무단 복제를 금지하며,
책의 전부 또는 일부를 사용하려면 반드시 저작권자와 한스미디어㈜의 서면 동의를 받아야합니다.
이 책에 게재되어 있는 작품을 복제하여 판매하는 것은 금지되어 있습니다.

책값은 뒤표지에 있습니다.
잘못 만들어진 책은 구입하신 서점에서 교환해 드립니다.